СТАТИИТЕ НА РАБАШ
от 1984 година

РАВ БАРУХ ШАЛОМ А-ЛЕВИ АШЛАГ

СТАТИИТЕ НА РАБАШ
от 1984 година

Автор: Барух Шалом а-Леви Ашлаг
Публикувана от:
Бней Барух - Академия по Кабала
kabbalah.academy/bg
bulgarian@kabbalah.academy

© Нито една част от тази книга не може да бъде преписвана или преработвана без официалното разрешение на издателя, освен кратки цитати включени в статии или коментари.

ISBN 978-1-77228-190-3

Първо издание, 2024

СЪДЪРЖАНИЕ

ПРЕДГОВОР
Михаел Лайтман 5

ЦЕЛ НА ГРУПАТА - 1
Статия 1, Част 1, 1984 7

ЦЕЛ НА ГРУПАТА - 2
Статия 1, Част 2, 1984 10

ЗА ЛЮБОВТА КЪМ ДРУГАРИТЕ
Статия 2, 1984 12

ЛЮБОВ КЪМ ДРУГАРИТЕ
Статия 3, 1984 15

ЧОВЕК ДА ПОМОГНЕ НА БЛИЖНИЯ
Статия 4, 1984 17

**КАКВО НИ ДАВА ПРАВИЛОТО
ВЪЗЛЮБИ БЛИЖНИЯ СИ**
Статия 5, 1984 18

ЛЮБОВТА КЪМ ДРУГАРИТЕ
Статия 6, 1984 20

**СПОРЕД ИЗЯСНЕНОТО ЗА ПРАВИЛОТО
„ОБИЧАЙ БЛИЖНИЯ СИ"**
Статия 7, 1984 26

**КОЕ ИЗПЪЛНЯВАНЕ НА ТОРА И ЗАПОВЕДИТЕ
ОЧИСТВА СЪРЦЕТО**
Статия 8, 1984 33

ЧОВЕК ДА ПРОДАДЕ ПОКРИВА НА СВОЯ ДОМ
Статия 9, 1984 36

ДО КАКВО НИВО ТРЯБВА ДА ДОСТИГНЕ ЧОВЕК, ЗА ДА НЕ СЕ НАЛАГА ДА СЕ РАЖДА ОТНОВО
Статия 10, 1984 42

ЗАСЛУГИТЕ НА ПРЕДЦИТЕ
Статия 11, 1984 47

ВАЖНОСТТА НА ГРУПАТА
Статия 12, 1984 50

ПОНЯКОГА НАРИЧАТ ДУХОВНОСТТА С ИМЕТО „НЕШАМА"
Статия 13, 1984 54

ВИНАГИ ЧОВЕК ТРЯБВА ДА ПРОДАДЕ ВСИЧКО, КОЕТО ИМА И ДА СЕ ОЖЕНИ ЗА ДЪЩЕРЯТА НА МЪДРЕЦ
Статия 14, 1984 61

ВЪЗМОЖНО ЛИ Е СВИШЕ ДА ДОЙДЕ НЕЩО ОТРИЦАТЕЛНО
Статия 15, 1984 68

ОТНОСНО ОТДАВАНЕТО
Статия 16, 1984 77

ЗА ВАЖНОСТТА НА ДРУГАРИТЕ
Статия 17, част 1, 1984 95

РЕДЪТ ЗА СЪБИРАНЕ НА ГРУПАТА
Статия 17, част 2, 1984 100

И ТОВА ЩЕ СЕ СЛУЧИ КОГАТО ДОЙДЕШ НА ЗЕМЯТА, КОЯТО ТВОРЕЦА, ВСЕСИЛЕН ТВОЙ ТИ ДАВА
Статия 18, 1984 103

ДНЕС ВСИЧКИ ВИЕ ЗАСТАВАТЕ
Статия 19, 1984 115

ПРЕДГОВОР

Рав Барух Шалом а-Леви Ашлаг (РАБАШ) изигра забележителна роля в историята на кабала. Той ни даде необходимата последна връзка, съединявайки кабала с нашия живот. Неговите специални качества му дадоха способността да се отмени пред своя баща и учител, големия кабалист Рав Йехуда Лейб а-Леви Ашлаг, познат като Баал Сулам със своите "Сулам" (Стълба) коментари на книгата "Зоар".

И все пак, ако ги нямаше трудовете на Рабаш, усилията на неговия баща да разкрие мъдростта на кабала пред всички, щяха да бъдат напразни. Без тези трудове, малцина биха реализирали духовните постижения, които Баал Сулам толкова отчаяно е искал да постигнем.

Неговите трудове разкриват дълбоко разбиране на човешката природа. Това, което на пръв поглед изглежда като формалност на езика, е всъщност прецизен емоционален път към дълбините на човешкото сърце. Показват ни вътрешната повратна точка, където трябва да поставим своята стълба и да започнем изкачването. Той ни придружава в това духовно пътуване с удивителна чувствителност към изпитанията и объркването, които учениците могат да изпитат по пътя към постижението. Неговите думи ще дадат възможност на читателите да достигнат до условностите и термините с помощта на своята собствена природа и да превключат емоциите на страх и ярост в освобождение, радост и увереност много по-бързо, отколкото биха го направили без неговата топлина и подкрепа.

Без неговите трудове, особено тези за работата на човек в група, ние никога не бихме узнали как да израснем от кабала-ентусиасти до зрели кабалисти. Рабаш е единствения кабалист, предложил ясен метод, който може да бъде използван от всеки по света – от момента на пробуждане на точката в сърцето до реализиране на духовната цел чрез работа в група.

В трудовете му изреченията обикновено започват с един или два цитата от основните източници, като "Зоар" или "Петокнижието". След това Рабаш преминава от дедуктивен тон до по-личен и мек подход. Когато казва "Ние изучаваме всичко в една личност", това винаги е начало на разкриването на дълбините на душата, където читателите достигат до скрити съкровища, за които не са и сънували, че съществуват.

Статиите в тази книга не са само за четене, те са по-скоро практически насоки. Много е важно да се работи с тях, за да може да се види какво всъщност съдържат. Читателят трябва да се опитва да ги приложи на практика, преживявайки емоциите, които Рабаш така майсторски описва.

Той винаги ме съветваше да правя обобщение на всяка статия и да работя с текста. До ден днешен го правя и винаги съм изумен от прозренията, които се разкриват. Днес препоръчвам същото на всички свои ученици: да работят с текстовете, да ги обобщават, превеждат, вграждат в своята групова работа и ще открият силата на трудовете на Рабаш.

Михаел Лайтман

ЦЕЛ НА ГРУПАТА - 1
Статия 1, Част 1, 1984

Събрали сме се тук, за да положим основите на изграждането на група за всички тези, които желаят да следват пътя и метода на Баал Сулам, това е пътя как да се издигнем до нивото човек и да не останем на нивото на животно, както са казали мъдреците (Йевамот, 61 стр, 1 ред) за стиха „Вие, овце Мои, паство Мое, вие се наричате човек, а идолопоклонниците не се наричат човек", това е от статия на Рашби..

За да разберем нивото човек, ще цитираме казаното от мъдреците (Брахот, 6 стр, 2 ред) за стиха (Еклесиаст, 12): „Нека чуем заключението на всичко: имай трепет пред Твореца и Неговите заповеди спазвай, защото в това е целият човек". И Гмара пита: „Какво означава: „В това е целият човек?" Раби Елеазар казва, „Твореца казва: „Целият свят е сътворен само заради това"", което означава, че целият свят е създаден заради трепета пред Твореца.

И трябва да разберем какво е „трепет пред Твореца", което означава, че това е причината, поради която светът е бил създаден. От всичко казано от мъдреците знаем, че причината за сътворението е (желанието) да даде добро на Своите творения. С други думи, Твореца пожелал да наслади творенията Си, за да се чувстват щастливи в света. Именно тук мъдреците казват за стиха „в това е целият човек", че причината за сътворяването е „трепета пред Твореца".

Но според това, което се обяснява в книгата „Даряване на Тора", пише там, че причината, поради която творенията не получават добро и наслаждение, въпреки че това е причината за сътворението, е разликата в свойствата между Твореца и творенията. Твореца е този, който дава, а творенията са тези, които получават. Но съществува правило, според което клоните са подобни на корена, от който са произлезли клоните.

Тъй като получаването не е присъщо на нашия корен, тоест Твореца, Да пази Господ, не изпитва недостатък, за да има нужда да получава нещо и да запълва Своя недостатък. Затова, когато човек трябва да получава, той се чувства неприятно. Затова всеки човек се срамува да яде хляб по милост.

И за да се поправи това, е трябвало да бъде сътворен светът. Свят (олам - עולם) означава скриване (хеелем - העלם), така че доброто и насладата трябва да са скрити. Заради какво? Отговорът е: заради трепета. С други думи, за да може човек да изпитва трепет от използването на своите съсъди (кли - כלי) за получаване, наречени „егоистична любов".

Това означава, че човек трябва да се въздържа от получаване на наслажденията, за които желае и трябва да има силата да преодолява страстта към това, за което копнее.

Вместо това човек трябва да получава наслаждения, които носят удоволствие на Твореца. Което означава, че творението иска да отдава на Твореца. И в него ще има трепет от Твореца, тоест от това да получава за себе си. Тъй като получаването на наслаждение, което човек получава само за собствена полза, го откъсва от сливането с Твореца.

От друга страна, когато човек изпълнява някоя от заповедите на Твореца, той трябва да се стреми заповедта да му донесе чисти мисли, че иска да отдава на Твореца като спазва тази заповед. Както са казали мъдреците: „Раби Ханания Бен Акашия казал: „Пожелал Твореца да пречисти Исраел и затова им е умножил Тора и заповедите.""

Затова сме се събрали тук, да основем група, така че всеки от нас да може да следва духа на „отдаване на Твореца". И за да постигнем отдаване на Твореца, трябва да започнем първо с отдаване на човека. И това се нарича „любов към ближния."

А любовта към ближния е възможна само чрез самоотмяна. Затова, от една страна, човек трябва да принизява себе си, а от друга страна да се гордеем, че Твореца ни е дал възможност да влезем в група, в която всеки от нас има само една цел – „присъствието на Твореца (шхина - שכינה) да пребивава между нас".

И въпреки че все още не сме постигнали тази цел, ние имаме желанието да постигнем тази цел. И това също трябва да бъде важно за нас, въпреки че все още сме в началото на пътя. Но ние се надяваме да постигнем тази висша цел.

ЦЕЛ НА ГРУПАТА - 2
Статия 1, Част 2, 1984

Тъй като човек е създаден със съсъд (кли), наречен „любов към себе си", затова когато не очаква лична изгода от някакво действие, в него няма гориво за усилието да направи и най-малкото движение.

А без отмяна на себелюбието не е възможно да се достигне сливане (двекут) с Твореца, означаващо подобие по форма.

И тъй като това е против нашата природа, необходимо е общество, в което всички ще формират голяма сила, така че да можем да работим заедно за отмяната на желанието за получаване, наречено „зло", защото именно то пречи на постигането на целта, заради която е създаден човекът.

Затова обществото трябва да се състои от индивиди, които са единодушни, че трябва да я постигнат. Тогава всички те създават една голяма сила, способна да се бори със себе си, защото всички са включени във всеки. Така всеки се опира на огромното желание за постигане на целта.

За да се включат един в друг, всеки трябва да се отмени пред другите. Това се постига, като всеки вижда само достойнствата на приятеля си, а не неговите недостатъци. А този, който си мисли, че е поне малко по-високо от приятелите си, той вече, не може да се обедини с тях.

Освен това, по време на срещата е важно да бъдат сериозни, за да не излизат от намерението, с което са се събрали. А от скромността, която е много важна, да свикнат външно да изглеждат несериозни, въпреки че в сърцата им гори огън.

Все пак, малките хора по време на събрание трябва да внимават да не се увличат по думи и дела, които не водят до целта на събранието, която е че те трябва да постигнат сливане с Твореца. Относно сливането, виж книгата „Даряването на Тора" (ивр. - стр. 168).

И когато човек не е сред приятелите си, най-добре е да не показва нищо от намерението на сърцето си и да изглежда като всички други. Това е значението на „бъди скромен пред Твореца Всесилен твой". Съществуват и по-възвишени тълкувания на това, но простото обяснение също е важно.

Така че е добре при обединението на приятелите да има равенство между тях, за да може всеки да се отмени пред другите. Трябва много да се внимава в общността да не се допуска лекомислие, тъй като лекомислието разрушава всичко. Но както споменахме по-горе, това трябва да бъде вътрешна работа.

И в присъствието на човек, който не принадлежи към това общество, не бива да се показва никаква сериозност, а да се показва съответствие с човека, който сега е дошъл. С други думи, да не се говори за сериозни неща, а само за такива, които са подходящи за този, който сега е дошъл и се нарича „неканен гост".

ЗА ЛЮБОВТА КЪМ ДРУГАРИТЕ
Статия 2, 1984

1. Необходимостта от любов към другарите...
2. По каква причина избрах точно тези другари;... и защо моите другари избраха мен...
3. Трябва ли всеки от другарите да разкрива любовта, която има към групата или е достатъчно, че има любов в сърцето си и работи в любов към своите другари „скромно", следователно не трябва да разкрива какво е в сърцето му. Както се знае, „скромността" е нещо голямо.

Или да кажем напротив, той трябва да разкрие любовта, която е в сърцето му на своите другари, защото с това разкриване той води до пробуждане на сърцето на другар по отношение на (другите) приятели, така че другарите също да почувстват, че всеки се занимава с любов към своите другари. И ползата от това е, че по този начин той получава по-голяма сила да действа с любов към своите другари, с повече енергия и мощ, защото силата на любовта на всички е включена в неговия другар.

Откриваме според това, че вместо да има една сила, която му позволява да действа с любов към своите другари, се оказва, че ако групата се състои от десет другари, тя сега включва десет сили, които разбират необходимостта да действат с любов към другарите. Докато ако всеки не разкрие на групата, че е зает да обича своите другари, той няма силата на групата, тъй като е много трудно да прецени другаря си по скалата на заслугите и всеки мисли за себе си, че е праведен човек и само той е зает да обича своите другари. Оказва се, че той има само малка сила, която му позволява да работи в любов към ближния. От това следва, че тази конкретна работа трябва да бъде явна, а не скромна.

Човек обаче трябва постоянно да си напомня за целта на групата, в противен случай тялото е склонно да замъглява целта, тъй като тялото винаги е загрижено за собствената си полза. Трябва да помним, че цялата група е създадена на базата на постигане на любов към ближния, което е трамплин към любовта към Твореца.

И това се (постига) именно с помощта на това, че той си казва, че има нужда от групата, да може да отдаде на своя другар без никакво възнаграждение. В противен случай, ако на него му трябва групата, за да му помага, да му дава подаръци и други подобни, така че благодарение на това желанието за получаване тялото ще бъде доволно. Но такова общество е изградено на основата на егоистична любов и такава група му носи само развитието на получаващите келим, защото сега той вижда, че има възможности придобивките му да се увеличат от това, че приятелят му помага да получава материални придобивки.

От горе написаното трябва да помним, че тази група е създадена на основата на любовта към ближния, тоест, така че всеки да получи от групата любов към ближния и ненавист към себе си. И това, че той вижда, че някой другар полага усилия да отмени себе си и да обича ближния си - това води до факта, че всеки ще включи намерението на другаря си. Излиза, че ако групата се основава например на десет другари, всеки ще включва десет сили, които се занимават с отмяната на себе си, с ненавист към себе си и любов към ближния.

В противен случай той остава само със собствената си сила за любов към ближния, тъй като не вижда другарите си да правят това, защото другарите му действат в любовта към ближния в скромност. И дори напротив, това го кара да губи собствените си сили, да иска да следва пътят на любовта към ближния и да се учи от делата им и попада под властта на егоистичната любов.

4. Трябва ли всеки да знае какво конкретно липсва на всеки от неговите другари, за да знае с какво може да ги напълни - или е достатъчно да действа в любов към другарите си като цяло?

ЛЮБОВ КЪМ ДРУГАРИТЕ
Статия 3, 1984

„И го намерил един човек, докато бродил из полето; и човекът го попитал, казвайки: Какво търсиш? А той рекъл: Търся братята си; кажи ми, къде те пасат."[1]

Ето, човек броди по полето - което означава място, от което трябва да расте реколта, която осигурява храна за света. А работата на полето означава оран, сеитба и жътва. И за това е казано: „Ония, които сеят със сълзи, с радост ще пожънат"[2]. И се казва: „Поле, благословено от Твореца".[3]

Това че „човек броди по полето", както обяснява Баал Турим[4], това е свойството „човек" (אדם תכונה), който се е загубил по пътя на разума, тоест не знае истинския път, който води до мястото, където трябва да отиде, както в израза: „Магаре, изгубено в полето". И той стига до състояние, в което смята, че никога няма да постигне целта, която трябва да достигне.

„И човекът го попитал, като казал: **Какво търсиш?**[5]". Тоест, как мога да ти помогна? И той отговорил: **Търся братята си**[6]", тоест благодарение на това, че ще бъда заедно с моите братя, с други думи благодарение на това, че ще бъда в група, в която има любов към другарите, ще мога да поема по пътя, водещ до дома на Твореца.

---

1 Берешит, 37:15-16
2 Псалми 127:5
3 Берешит, 27:27
4 Р. Яков бен Ашер (1269 – 1343), коментатор и правоучител, автор на фундаменталния труд „Arbaa Turim"
5 Берешит, 37:15-16
6 Берешит, 37:15-16

И този път се нарича път на отдаването и този път противоречи на нашата природа. И за да постигнете това, няма друг съвет освен любовта към другарите, защото благодарение на това всеки може да помогне на своя другар.

„И човекът рекъл: Заминаха от тука". И Раши обяснява: „Те се отдалечиха от братските отношения", тоест не искат да се обединяват с вас. И това в крайна сметка довело до това, че народа на Исраел е влязъл в египетско изгнание. И за да излезем от Египет, трябва да се ангажираме да влезем в група, в която всички искат да бъдат в любов към другарите, и благодарение на това ще бъдем достойни да излезем от Египет и да получим Тора.

ЧОВЕК ДА ПОМОГНЕ НА БЛИЖНИЯ
Статия 4, 1984

Трябва да се разбере с какво човек може да помогне на другаря си. Този въпрос именно там ли се решава, където има бедни и богати, умни и глупави, силни и слаби и тем подобни? Но ако всички са богати, или всички са умни, или всички са силни и тем подобни, с какво човек може да помогне на другия?

Ние виждаме, обаче, че има едно нещо, което е присъщо на всички - състоянието на духа. Казано е: „Тревогата в сърцето на човека - нека разкаже за нея на другите". Защото да бъде в приповдигнато състояние на духа, на човек не ще му помогнат нито богатството, нито мъдростта, нищо от подобните на тях.

Човек може да помогне на другия именно когато вижда, че той е изпаднал в униние. Казано е: „Не може човек сам себе си да извади от затвора", а именно другарят може да му създаде приповдигнато настроение.

Казано другояче, другарят го издига от състоянието, в което се намира до състоянието на дух на живота. И той отново започва да придобива силата на увереността в живота и богатството. И започва да усеща, сякаш целта вече му е близка.

И излиза, че всеки трябва да обръща внимание и да мисли с какво може да помогне на своя другар, да повдигне неговото настроение. Защото в това, което се отнася до разположението на духа, всеки може да намери в другаря място на недостиг, което е способен да напълни.

КАКВО НИ ДАВА ПРАВИЛОТО ВЪЗЛЮБИ БЛИЖНИЯ СИ
Статия 5, 1984

Какво ни дава правилото: „Обичай ближния си като себе си"? Чрез това правило можем да стигнем до любов към Твореца.

В такъв случай какво ни дава изпълнението на 612-те заповеди? На първо място трябва да знаем какво е „клаль" - „правило, общност". Известно е, че общността „клаль" се гради върху множеството частни елементи „прат", а без частни елементи не може да има общност. Подобно на това, както казваме: „свята общност", което означава множество индивиди, които са се събрали и обединили, за да станат едно цяло. И след това те назначават ръководител на общността и т. н. И това се нарича „минян" (10 човека, бел. ред.) или „общност". Защо са необходими поне десет души и тогава може да се казва „кидуш"[7] по време на молитва.

И в книгата Зоар е казано: „Където има десет (души), там пребивава Шхина"[8] - т. е. на мястото, където има десет души, вече има място за пребиваването на Шхина.

И оттук излиза, че правилото: „Обичай ближния си като себе си" е изградено върху 612 заповеди. Т. е. ако изпълним 612-те заповеди, тогава можем да стигнем до правилото „клаль" - „Обичай ближния си като себе си". Оказва се, че частните елементи ни да-

---
7 Кдуша („святост") е специална част от молитвата, която освещава Твореца.
8 Трактат Санедрин, 39:1

ват (способност) да стигнем до общото правило „клаль". А когато имаме това общо правило, ще можем да стигнем до любовта към Твореца, както е казано: „Душата ми копнее за Твореца"[9].

И макар че човек не може да изпълни сам всичките 612 заповеди - например откупуването на първородния[10], защото ако първо му се роди дъщеря, той не може да изпълни заповедта за откупуване на първородното; също така жената е освободена от изпълнителните заповеди, свързани с времето[11] като цицит и тфилин. Все пак, тъй като „целият Исраел са поръчители един за друг" се оказва, че всички заедно изпълняват (т. е. всички заповеди).

Това се разглежда така, сякаш всички заедно са изпълнили всички заповеди. Следователно благодарение на 612-те заповеди може да се стигне до правилото: „Обичай ближния си като себе си".

---

9 З. Виж Псалми, 84:3.
10 Заповедта за откупуване на първородното означава, че детето от мъжки пол, което първо се ражда на майката, трябва да бъде откупено от Коен.
11 Тя се отнася до заповеди, свързани с определено време на деня или сезон на годината.

ЛЮБОВТА КЪМ ДРУГАРИТЕ
Статия 6, 1984

„Обичай ближния си като себе си" – раби Акива казва: „Това е велико правило в Тора"[12]. От това следва, че ако изпълняваме това правило „клаль", то вече включва всички частни елементи „прат", т. е. ние вече ще стигнем до тези елементи автоматично, без никакви усилия и няма какво повече да правим.

Виждаме обаче, че Тора ни казва: „Какво иска Твореца Всесилен твой от теб? Просто трепет пред Мен."[13] Според това се оказва: кое е основното изискване което поставят пред човека? Просто трепет. Ако човек осъществи заповедта за трепета, това вече включва цялата Тора и заповедите, т. е. дори заповедта: „Обичай ближния си като себе си".

И според горните думи на Р. Акива, дори е обратно и трепетът също е включен в правилото „Обичай ближния си". И според думите на мъдреците се оказва, че не е като Р. Акива, защото те обясняват в стиха: „Нека чуем краят на цялото слово: Бой се от Бога и пази заповедите Му, понеже това е целият човек"[14]. И Гмара пита: „Какво означава: „Защото това е целият човек"? Раби Елъазар казва: „Твореца каза: Целият свят е създаден само с тази цел."[15] И по думите на Раби Акива се оказва, че всичко е включено в правилото: „Обичай ближния си".

---

12 Мидраш Сифра, Кдошим, 4:12
13 Вижте Дварим 10:12
14 Кохелет, 12:13
15 Трактат Брахот, 6:2

Виждаме обаче в думите на мъдреците, че те казват, че основното нещо е вярата, защото са казали: „Хабакук дойде и сведе всички (принципи) до един, както е написано: „Праведният ще живее чрез своята вяра.[16][17]""

И Маарш[18] обяснява там, че „най-общият (принцип) за всеки син на Исраел по всяко време е вярата"[19]. От това следва, че основното правило е вярата и според това се оказва, че и трепета, и „обичай ближния си" са включени в правилото на вярата.

И за да разберем казаното, са необходими допълнителни изследвания:

1) какво е вяра, 2) какво е трепет, 3) какво е „Обичай ближния си като себе си".

Важното е винаги да помним каква е целта на творението. Знае се, че се състои в това, да наслади Своите създания. В такъв случай, ако Той иска да им даде благо и наслаждение, защо ми трябват трите неща, споменати по-горе, т. е. вяра, трепет и любов към ближния? И се оказва, че те са необходими само за подготовката на келим, да бъдат готови да получат благото и наслаждението, с което Твореца иска да наслаждава творенията.

Сега трябва да разберем какво ни дават тези три неща за тази подготовка. Така вярата и правилото за увереността като цяло ни дават, че преди всичко трябва да вярваме в целта - че тя е да се насладят творени-

---

16 Авакум, 2:4.
17 Трактат Макот, 24:1
18 Р. Шмуел Елиезер Ейделс (1555 – 1631), изключителен учител по право и коментатор на Талмуд
19 Трактат Макот, 24:1. // Khidushei Haggadot

ята. Освен това човек трябва да вярва, в съответствие с увереността, че може да убеди себе си - че и той може да постигне целта, т. е. че целта на творението не е непременно за избрани, а че целта на творението се отнася за всички творения без изключение.

И това не е задължително да са хора, които имат таланти и са силни, т. е. имащи силата да преодоляват и са смели по сърце и други подобни, защото това се отнася за всички творения. Вижте предговора към ТЕС, параграф 21, където е даден цитат от Мидраш Раба: „Твореца казал на Исраел: „Кълна се, цялата мъдрост и цялата Тора са лесни. Всеки, който трепери пред Мен и изпълнява думите на Тора, цялата мъдрост и цялата Тора са в сърцето му."[20] Край на цитата.

Оказва се, че освен това той трябва да използва вярата, за да има увереност, че може да постигне целта си, а не да се отчайва насред работата и да бяга от бойното поле, а да вярва, че Твореца може да помогне дори на такъв низък и презрян човек като него, т. е. че Твореца ще го приближи до Себе Си, за да бъде достоен да се слее с Него.

И за да сме достойни за вярата, първо трябва да имаме трепет (Предговор към книгата Зоар, стр. 191, коментар на Сулам с думите: „Обяснение на нещата"). Той (т. е. Баал Сулам) пише там, „че трепетът е заповед, която включва всички заповеди на Тора, тъй като тя е вратата към вярата в Твореца и доколкото трепетът се пробужда пред управлението на Твореца, в тази степен му влияе и вярата в управлението на Твореца." [21] И

---

20 Виж Midrash Rabbah, Dvarim, Ve-zot ha-bracha, гл. 11, ал. 6
21 Зоар, Предговор, п. 203

той заключава там: „А трепетът се състои в това, че той се страхува да не намали удоволствието на своя Създател", което означава, че трепетът е, че човек трябва да се страхува от Твореца, защото може би няма да може да достави удоволствие на Твореца, а не че трепетът ще бъде в негова полза. От горното излиза, че вратата към вярата е трепетът. Иначе е невъзможно да се стигне до вяра.

И за да достигне до трепет, т. е. да има страх, че може да не успее да достави наслаждение на своя Създател, той първо трябва да има желание и стремеж да отдава и тогава може да се каже, че има място да се страхува, че може да няма възможността да осъществи трепета. Но обикновено човек се страхува, че може да не успее да осъществи напълно любовта към себе си, а не че се притеснява, че няма да може да отдаде на Твореца.

И от какъв материал човек може да вземе и да придобие ново качество, означаващо че трябва да отдава? А получаването за себе си е нещо лошо. Но това е против природата! И въпреки че човек понякога получава някакви мисли и желания, които изискват от него да излезе от егоистичната любов, която му се е появила от това, което е чул от мъдреците и от книгите, това е много малка сила, която не винаги осветява това знание в него, та да може да го оцени и да го използва постоянно, като каза, че това е общо правило за всички заповеди на Тора.

Затова има един съвет: ако се съберат няколко души, които имат тази малка сила, че си струва да се измъкнат от любовта към себе си, но нямат цялата сила и важност на отдаването, за да могат да бъдат независими без външна помощ и всички тези хора се отменят един пред друг, всеки потенциално получава любов към Твореца, но на практика не може да я реализира, но тъй като всеки е влязъл в групата и се е отменил пред нея, възниква едно единно тяло. И когато това тяло се състои например от десет души, тогава това тяло има сила десет пъти по-голяма, отколкото ако е само̀.

Но при условие, че когато се съберат, всеки ще си помисли, че е дошъл сега с цел да отмени самолюбието, т. е. да не мисли как да напълни желанието си за получаване, а сега **бих мислил, доколкото е възможно, само за любовта към ближния,** (в крайна сметка) **само благодарение на това той може да придобие желанието и потребността, от които се нуждае, за да получи ново качество, наречено желание за отдаване.** И от любов към своите другари той може да достигне до любов към Твореца, т. е. когато иска да достави удоволствие на Твореца.

Оказва се, че само благодарение на това той е получил нужда и сега разбира, че отдаването е важно и необходимо нещо и го е достигнал благодарение на любовта към своите другари. И тогава можем да говорим за трепет, т. е. той се страхува, че може да не успее да достави наслада на Твореца. И това се нарича трепет.

Оказва се, че основната база, върху която може да се изгради сградата на светостта, е правилото „Обичай ближния си", защото благодарение на това можеш да придобиеш нуждата, че трябва да доставяш наслаждение на Твореца. И тогава можем да говорим за трепет, т. е. да се страхува, че може да не успее да достави наслаждение на Твореца. И тогава, когато вече има тази врата, наречена трепет, той може да дойде до вярата. Защото вярата е кли за пребиваването на Шхина, както е известно и е изяснено на няколко места.

От тук откриваме, че има три правила. Първото правило принадлежи на Раби Акива, а това е "Обичай ближния си", а преди това няма нещо, което да даде гориво на човек, за да може поне малко да помръдне от състоянието, в което се намира, защото само благодарение на това е възможно да излезе от егоистичната любов в любов към ближния и да почувства, че любовта към себе си е зло.

И след това стигат до второто правило, т. е. до трепет, тъй като без трепет няма място за вяра, както е казано по-горе в думите на Баал Сулам.

И тогава стигат до третото правило, т. е. до вярата. И след като са придобили горните три правила, те са достойни да почувстват целта на творението, която е да достави наслада на своите творения.

СПОРЕД ИЗЯСНЕНОТО ЗА ПРАВИЛОТО „ОБИЧАЙ БЛИЖНИЯ СИ"
Статия 7, 1984

Според това, което се изясни за (правилото) „Обичай ближния си", това общо правило (כלל) включва частни елементи от (פרט) на 612-те заповеди, както са казали нашите мъдреци: „И останалото е иди и се учи"[22]. Това означава, че изпълнявайки 612-те заповеди, автоматично ще бъдем наградени с правилото „Обичай ближния си". И после с любов към Твореца.

В този случай какво ни дава любовта към нашите другари? Както е написано (в статия 6, 1984 г.), поради факта, че се събират няколко другари и тъй като всеки има само малка сила на любов към ближния си, тоест той може да осъществи любов към ближния си само потенциално и когато това стига до практиката, той си спомня че мислено е решил да се откаже от любовта към себе си в името на ближния, но на практика вижда, че не е в състояние да се откаже от нито едно наслаждение в желанието да получи в името на другия, дори на йота.

Но тъй като се събират няколко души, които са на едно и също мнение, че човек трябва да възлюби ближния си и когато има отмяна на всеки един пред другите, тогава всеки се включва във всички. И благодарение на това във всеки е събрана голяма сила, съответстваща на размера на това общество. И тогава той е в състояние на практика да реализира любовта към ближния в действие.

---

[22] Трактат Шабат 31:1. Той (Хилел) му каза: „Това, което е омразно за теб, не го прави на приятеля си, а останалото – иди и се учи"

От това излиза - какво ни добавят частните елементи („прат") на 612-те заповеди? В крайна сметка казахме, че това е, за да се приложи общото правило („клаль") и това правило се осъществява чрез любов към ближния. Но в действителност виждаме, че и при светските хора също има любов към своите другари, защото и те се събират в различни кръгове, за да бъдат в любов към своите другари. Тогава каква е разликата между религиозните и светските?

Стихът (от Псалмите) гласи: „И в събранието на присмиващи се не седи"[23]. И трябва да разберем какво означава забраната за „събрание на присмиващи се". Ако той клевети или говори празни думи, тогава тази забрана не е свързана със срещата на присмиващите се. Какво ни добавя забраната за „сбирки на присмиващи се"?

Но въпросът е, че дори когато няколко души се съберат за любовта към другарите с намерението всеки да помогне на своя другар да подобри материалното си състояние, всеки очаква, че чрез множеството събрания всеки член на обществото ще получи ползи, които ще подобрят неговото материално състояние.

И след всички срещи всеки си прави преценка колко е получил от обществото в егоистичната любов - какво е спечелило от това желанието за получаване. В крайна сметка той влага усилия и време в полза на обществото. И какво печели от това? В крайна сметка той със сигурност би могъл да постигне повече успех, ако беше ангажиран със собствената си печалба.

---

[23] Псалми 1:1. Щастлив е онзи, който не последва съвета на нечестивите и не застане на пътя на грешниците и не седне в събранието на присмиващите се..

Поне в частта, в която той самият е положил усилия. „И влязох в това общество, защото смятах, че благодарение на него мога да печеля повече, отколкото бих могъл да спечеля сам. И сега виждам, че не съм спечелил нищо.

И той съжалява за това и казва: „Би било по-добре, ако вместо да отделям от времето си за обществото, щеше да е по-добре, ако поне използвах малкото си правомощия и сили. Докато сега, когато отдадох време на обществото да постигне по-голямо богатство, благодарение на помощта на обществото накрая ми стана ясно: не само не спечелих нищо от обществото, но загубих и това, което можех да спечеля чрез собствените си сили."

И когато някой иска да каже, че трябва да се занимавате с любов към другарите си с цел отдаване, тоест всеки да работи за доброто на ближния си, всички се присмиват и подиграват на това. И това им изглежда като някаква клоунада. И това е среща на светски хора. И за това е казано: „И милостта е позор за племената." [24], защото в крайна сметка „цялото благо което правят, те го правят заради себе си"[25]. И такова общество отдалечава човека от святостта. И те потапят човека в света на клоунадата. И това е смисълът на забраната за събиране на присмехулници.

За такива общества нашите мъдреци са казали: „Разпръснете грешниците - това е добре за тях и е добре за света."[26] Тоест по-добре да ги нямаше. Но с

---

24 Думата "chesed" има две различни значения: милост (иврит), срам (арамейски)
25 Притчи, 14:34. Правдата възвисява хората, но срамът на племената е поквара
26 Тикуней Зоар, 73:2

праведните е обратното: „Съберете праведните - ще е добре за тях и ще е добре за света".[27]

Какво означава „праведници"? Това са онези, които искат да изпълнят правилото: „Обичай ближния си като себе си", като цялото му намерение е да излезе от егоистичната любов и да приеме друга природа, която е любов към ближния. Въпреки че това е заповед, която трябва да се изпълни и човек може да убеди себе си (да направи това) насила, че любовта е нещо, което е дадено на сърцето, а сърцето по природа не е съгласно с това. В такъв случай какво може да направи човек, за да докосне сърцето му любовта към ближния?

Следователно затова са ни дадени 612 заповеди за изпълнение, благодарение на които човек може да стигне до чувство в сърцето. Но тъй като е против природата, такова усещане е (твърде) малка част, за да има способността да прилага любовта към своите другари на практика, въпреки че той има нужда от това. Следователно сега той трябва да обмисли съвети, които му позволяват да приложи това на практика.

И ето съвет за това, който позволява на човек да увеличи силата си в (следването) на правилото „Обичай ближния си". Това става чрез любовта към другарите. Ако всеки бъде включен в другаря и отменен пред него, тогава възниква едно цяло, където всички негови малки части, желаещи любов към ближния, се обединяват в силата на обществото, което се състои от много части. И когато има голяма

---

[27] Тикуней Зоар, 73:2

сила, тогава той е в състояние да приложи на практика любовта към ближния си.

И тогава той може да стигне до любов към Твореца. Това обаче е при условие, че всеки се отменя пред другия. Ако той е отделен от другаря, тогава няма да може да получи от него своя дял, който трябва да получи. Защото всеки трябва да каже, че той е нищо (нула) в сравнение с другаря си.

И това е подобно на това как се пишат числата. Когато първо напишат 1 и после 0, това е десет пъти повече - 10. А когато напишат първо две нули, това е сто пъти повече - 100. Тоест другарят е единица, а той е нулата след него. Тогава се счита, че получава десет пъти повече от другаря си. И ако каже, че е две нули по отношение на другаря си, той получава сто пъти повече от другаря си.

Когато е обратното, тоест той казва, че другарят е нула, а той е единица, тогава той е десет пъти по-малко от другаря - 0,1. И ако той може да каже, че е единица, и има двама другари, които са две нули спрямо него, тогава се счита, че той е една стотна спрямо тях, тоест, че той е 0,01. Оказва се, че колкото и нули да има от другарите, толкова нивото му пада.

И все пак, дори ако той вече има тази сила, която му позволява да прилага любовта към ближния си на практика, ако вече чувства, че личната изгода само му вреди, при все това – "не вярвай на себе си". През цялото време трябва да изпитва страх, че може да спре по средата на пътя и да падне в обятията на егоизма. Тоест ако му се даде по-голямо наслаждение, отколкото е свикнал да получава, въпреки че за малките удоволствия той вече може да направи (намерение) в името на отдаването и е готов да се откаже от тях, но по отношение на големите наслаждения той остава в страх.

И това се нарича трепет (יראה, ир'а). И това е вратата към получаване на светлината на вярата, наречена „пребиваването на Шхина", както се казва в коментара на Сулам: „Според степента на трепета (יראה, ир'а), той постига свойството вяра".

Ето защо трябва да се помни, че „Обичай ближния си като себе си "трябва да се изпълни, тъй като това е заповед, защото Твореца е заповядал да се обичат другарите. И раби Акива само обяснява, че давайки тази заповед, Твореца е имал предвид да направи правило от тази заповед, благодарение на което те ще могат да изпълняват всички заповеди, поради заповедта на Твореца, а не заради собствената си полза.

Тоест не че заповедите ще ни накарат да разширим желанието си за получаване - тоест, благодарение на изпълнението на заповедите човек ще получи голяма награда за това - а напротив, благодарение на изпълнението на заповедите ще стигнем до такава награда, че ще можем да отменим егоистичната си любов и да започнем да обичаме ближния си. И след това да обичаме Твореца.

И от тук ще разберем защо нашите мъдреци са казали за стиха[28]: „И те умряха" – това е от думата „еликсир" (סם). Ако се удостои, това е еликсирът на живота. Ако не се удостои, това ще е еликсирът на

---
28 Вижте Трактат Кидушин 30:2, Трактат Йома 72:2

смъртта. Тоест, както беше посочено по-горе, „ако не се удостои", то той се е занимавал с Тора и заповедите така, че егоистичната му любов да се умножава и тялото да получава печалба за работата си. „Удостоил се" - тогава егоистичната му любов е отменена. Тоест той възнамерява да получи награда, която се състои в това, че ще има силата да обича ближния си и благодарение на това ще обикне Твореца, тъй като целият му стремеж ще бъде само да достави наслаждение на Твореца.

КОЕ ИЗПЪЛНЯВАНЕ НА ТОРА И ЗАПОВЕДИТЕ ОЧИСТВА СЪРЦЕТО
Статия 8, 1984

Въпрос: дали изпълняването на Тора и заповедите заради получаване на награда също очиства сърцето? Та нашите мъдреци са казали: „Създадох злото начало, създадох Тора като подправка (към него)". Тоест това (изпълнение), което очиства сърцето, то ли е (изпълнението), когато той изгражда намерение именно не заради получаване на награда или тези, които е изпълнявал даже за получаване на възнаграждение, това също ли очиства сърцето?

Отговор: в Предговора към книгата Зоар (п. 44) е написано: „Когато той започва да се занимава с Тора и заповедите, дори без каквото и да е намерение, тоест без любов и трепет, както подобава на този, който служи на Царя. Също дори и в Ло Лишма, точката в сърцето му започва да расте и да проявява своето действие. Защото „заповедите не се нуждаят от намерение". Дори действията без намерение са способни да очистят неговото желание за получаване, но само в степента на първото ниво в него, наречено „неживо". И в степента, в която очиства неживата част от желанието за получаване, в тази степен той постепенно изгражда 613 органа на точката в сърцето, които са неживото (ниво) на святата душа Нефеш.

Така виждаме, че изпълняването на Тора и заповедите, дори в Ло Лишма, очиства сърцето.

Дали пътят на изпълняване на Тора и заповедите не за получаване на награда е само за избрани или е дадена възможност на цялото общество да върви по този път, тоест, да изпълняват всичко не за получаване на награда и благодарение на това ще се удостоят със сливане с Твореца.

Отговор: желанието за получаване заради себе си е било в замисъла на творението, но благодарение на това, че Той е дал поправянето, душите ще го поправят в "заради отдаване". Тоест чрез изпълняване на Тора и заповедите, което ще промени в нас желанието за получаване на "заради отдаване". И това е дадено на цялото общество без изключение. И на всички е дадена тази възможност, а не специално на избрани.

Но тъй като тава е въпрос на избор, има такива, които напредват повече и има такива, които напредват бавно, както е написано в Предговор към книгата Зоар (п,13-14), "Но в крайна сметка всички ще достигнат до окончателно съвършенство, както е написано: "И няма да бъде отхвърлен от Него отвергнатия".

Но заедно с това, когато започват да учат изпълняването на Тора и заповедите, започват с ло лишма. Тъй като човек е бил създаден с желание за получаване, той не разбира нищо, ако това не му носи лична изгода и той никога няма да поиска да започне да изпълнява Тора и заповедите.

Както е казал Рамбам: "И казали мъдреците, винаги човек да се занимава с Тора, дори в ло лишма и от ло лишма, ще стигне до лишма. Затова, когато обучават малолетните и жените и цялата неграмотна маса хора, ги обучават да работят само от страх и за получаване на награда. Докато не се умножи знанието им и не се изпълнят с голяма мъдрост, им откриват тайната много постепенно. И ги обучават на това спокойно, докато не Го постигнат, не Го познаят и не започнат да Му служат от любов". Та ние виждаме от думите на Рамбам, че всички трябва да достигнат лишма и разликата е само във времето.

Въпрос: ако човек вижда и чувства, че върви по пътя, водещ до лишма, трябва ли да се старае да въздейства на другия, така че и той да се издигне на правилния път или не?

Отговор: това е общ въпрос. Както религиозният човек гледа светския, дали той самият знае че може да го върне към източника, изхождайки от заповедта: „Увещавай ближния свой". Също и тук можем да говорим за това, че си струва да кажем на другаря да върви по по-правилния път, ако намерението му изхожда само от заповедите, както беше казано. Но често се случва, че когато човек чете морал на другия, причинено само от (стремеж) към власт, а не от заповедта: „Увещавай ближния свой".

И това, което е изяснено по-горе, тоест че всеки желае на другия да върви по пътя на истината, поражда в нас разногласия между религиозните и светските, а също между литовските и хасидите, а също между едните хасиди и другите хасиди. И всеки мисли, че той е прав и всеки иска да убеди другия да върви по правия път.

ЧОВЕК ДА ПРОДАДЕ ПОКРИВА НА СВОЯ ДОМ
Статия 9, 1984

Казал раби Йехуда, казал Рав: „Човек винаги ще продава покрива (гредите) на своя дом, за да купи обувки за краката си" (Шабат). Трябва да разберем какво са „греди на своя дом" и в какво е важността на обувките до такава степен, че заради тях си струва да продаде гредите на дома си. Тоест да има възможност да вземе обувки за краката си.

Ще обясним това от гледна точка на духовната работа. „Гредите на своя дом" означават „случаи", т. е. всичко, което се случва с човека в неговия дом. Под думата „човек" разбираме две свойства: от една страна неговите знания и разум, а от друга неговите чувства, това което той усеща в сърцето си: добро или не дай Бог, обратното. Тези случаи, които се случват на човека, пробуждат в него въпроси от ежедневието. Тези въпроси засягат взаимоотношенията между човека и Твореца и между човека и неговия другар.

Между човека и Твореца. Тоест той има претенции към Твореца, защо Той не напълва всичките му потребности, което означава това, което той си мисли, че не му достига. Твореца трябва да го напълни. Изхождайки от правилото, че в природата на Добрия е да твори добро. Понякога човек има претенции, като че ли чувства обратното, че неговото състояние е много по-лошо в сравнение с другите, той смята, че другите се намират на много по-високо стъпало от него.

Получава се, че той е в положението на „съгледвач" (мераглим), говорещ за Висшето Управление, не дай

Бог, тъй като не чувства благо и удоволствие в живота си, и му е тежко да каже: „Нека само благо и милост ме съпровождат през всичките ми житейски дни" (Псалм 23). Излиза, че той е в положението "съгледвач".

За това са казали мъдреците (Брахот 54), "задължен е човек да благославя за злото, така, както за доброто." Тъй като юдаизмът се основава на вярата над знанието, т. е. да не разчита на това, което разумът го заставя да мисли, говори и прави, а е нужно да вярва във Висшето Управление, което може да върши само добро. Само този човек, който „оправдава" Висшето Управление, т. е. вижда и зад доброто, и зад злото само добро, ще се удостои да постигне и почувства благодатта и удоволствието.

Баал Сулам разказал притча за човек, който имал претенции и изисквания към Твореца, за това че Той не удовлетворява неговите молби. Тази притча е подобна на историята за човека, който вървял с малкото си дете по улицата, а детето огорчено плачело и всички минувачи гледали към бащата и си мислели: „Какъв жесток човек! Как може спокойно да слуша плача на детето си без да му обръща внимание." Излиза, че у минувачите плачът на детето предизвиквал жалост, но не и у бащата. И съществува правило: „Колко е милосърден бащата към синовете."

И чувайки плача на детето, отишли минувачите и попитали бащата: „Къде е милосърдието ти?". На което човекът отговорил: „А какво да направя, след като любимият ми син, когото пазя като зеницата на окото си, ме моли за игла, да си почеше окото. Нима поради това, че не изпълнявам неговата молба, можете да ме наречете жесток? Ако се смиля над него и му дам игла, то ще избоде окото си и ще ослепее завинаги."

Затова трябва да вярваме, че всичко, което Твореца ни дава, е само за доброто ни, макар че трябва да се молим във всички беди, които го застигат. И Твореца да отстрани от него тези беди. Но трябва да осъзнаваме, че молитвата ни е отделно, а отговорът на молитвата е отделно, т. е. ние сме направили това, което е трябвало да направим. Тогава Твореца прави това, което е добро за нас, както е казано в притчата: „Твореца ще направи това, което е за наше благо според неговото мнение."

Същото се случва с човека и неговия ближен. По-горе казахме, че „човек ще продаде покрива на своя дом и ще купи обувки за краката си". Това означава, че човек трябва да продаде „гредите на дома си", тоест във всички случаи, които са се извършили с неговия дом по отношение на любовта към другарите. Тъй като човек работи предано за любовта към другарите и не вижда никаква реакция от тяхна страна да му помогнат с нещо. И всички се държат с него не според неговото разбиране как трябва да бъде в любовта към другарите. Тоест всеки трябва да говори с приятеля си по най-уважителен начин, както е прието между уважаващи се хора.

Също и на практика, човек не вижда никакво действие от страна на другарите, на което да погледне (и да види), че тук има любов към другарите, а всичко се случва както обичайно, както просто между хора, които още не са се събрали и не са решили, че трябва да създадат група и да имат любов към другарите и всеки да се грижи за доброто на ближния.

В такъв случай той вижда, че сега няма да види никого, който да се занимава с любов към другарите. А тъй като чувства, че той е единственият, който върви по правия път и гледа останалите с насмешка и презрение и това се нарича „съгледвачи", когато той шпионира другарите си, проверявайки дали се държат правилно по отношение на него от гледна точка на любовта към ближния. Тъй като през цялото време той чува, че приятелите говорят по цял ден, че главното е любовта към ближния. И той наистина иска да види дали външното съответства на вътрешното.

Тогава той вижда, че всичко това е празнословие. Даже по думите им вижда, че там няма никаква любов към ближния, а любовта към ближния е най-малкото нещо. Тоест, ако го попитат нещо, той отговаря „през зъби", без внимание, не така, както се отговаря на другар, а всичко е хладно, като че ли иска да се отърве от него.

Не ме питайте ако мисля за любовта към ближния защо проверявам дали приятелят ми ме обича, като че ли любовта към другарите се основава на егоистичната любов. Затова искам да видя какво е придобила моята егоистична любов от цялото това занимание. Не е така с мисълта ми, защото наистина искам любов към ближния.

Затова съм заинтересован от такова общество, което да е основано така, че да виждам, че всеки един се занимава с любов към ближния. Благодарение на това малката сила, която имам в любовта към ближния ще се увеличи и умножи и чрез това ще имам сила да работя за любовта към ближния със сила, по-голяма от силата, която имам. И сега аз виждам, че не съм спечелил нищо, тъй като виждам, „Няма творящ добро, нито един (няма)." В такъв случай ще бъде по-добре, ако не бъда с тях и няма да уча от техните действия.

На това се дава отговор: ако обществото е основано на определени хора в определено време, в което са се събрали, разбира се е имало някой, който е искал да основе именно тази група. Несъмнено е проверявал тези хора дали са подходящи за това. Тоест във всеки от тях има искра на любовта към ближния. Но искрата не би могла да запали огъня на любовта, така че да свети на всеки един поотделно. Затова се съгласили тогава, че благодарение на тяхното съединяване заедно, от всички искри заедно, ще се разгори един голям пламък.

Това е подобно на казаното от Баал Сулам, който попитал какво означава да се сключи съюз между двама приятели. В Тора е казано: „И взел Авраам дребен и едър добитък и ги дал на Авимелех, и сключили двамата съюз" (Ваира). И попитал: ако двама се обичат, то разбира се, си правят добро един на друг и се подразбира от само себе си. Ако няма любов между тях или по някаква причина любовта им отслабне, то те разбира се, нищо добро не могат да направят един за друг. Така че с какво може да им помогне сключването на съюз между тях?

Решението е в това, че съюзът, който сключват, не е предназначен за момента, когато се чувства любовта между тях, така или иначе, не им е необходим съюз, а сключването на съюза е нужно за в бъдеще. Тъй като след определено време може да стане така, че да не усещат любов един към друг както сега, то тогава ще им потрябва сключения съюз.

Що се отнася до въпроса за групата, то въпреки че сега не чувстват любовта така, както са я чувствали при създаването на групата, независимо от това, всеки трябва да преодолява собственото си мнение и да действа с вяра над разума (лемала миадаат) и тогава всичко ще се поправи и всеки ще оправдава другаря си.

Сега можем да разберем казаното от мъдреците: „Човек винаги ще продава покрива (гредите) на своя дом, за да купи обувки за краката си". Думата „миналáим" (обувки) произхожда от думата „неилá" (заключване на вратата). Човек след като е следил приятелите си (следя - „ригел" от думата „реглáим" - крака), нека човек да продаде „гредите на своя дом". Това означава, че във всички случаи с дома му са свързани (с отношенията) между човека и приятелите му, т. е. той има съгледвачи, които злословят за другарите му.

Тогава, „ще продаде всичко". Тоест той излиза от ситуациите, до които са го довели „краката му" (реглав) и ще вземе вместо това „обувки за краката си". Има се предвид, че ще затвори всички съгледвачи, като че ли те повече не са в земята на Исраел. И от всички въпроси и претенции, към него да се откаже. И тогава „всичко в света ще си дойде на мястото".

ДО КАКВО НИВО ТРЯБВА ДА ДОСТИГНЕ ЧОВЕК, ЗА ДА НЕ СЕ НАЛАГА ДА СЕ РАЖДА ОТНОВО
Статия 10, 1984

Въпрос: До какво ниво трябва да достигне човек, за да не се налага да се ражда отново?

На „Вратите на кръгооборотите" е написано, „че всички синове на Исраел трябва да се раждат отново, докато не стигнат до съвършенството на всички Наранхай"[29]. „Но повечето хора нямат всички пет части, наречени Наранхай, а имат само Нефеш, отнасяща се към (света) Асия"[30]

От тук следва, че всеки трябва да поправи само своята част и корен на душата си, и не повече. С това завършва частта, която трябва да поправи.

Въпросът е, че трябва да се знае, че всички души произлизат от душата на Адам Ришон, защото след като извършил греха на Дървото на познанието, душата му се разделила на 600 000 души, т. е. това, което за Адам Ришон било една светлина, наречена на езика на книгата Зоар „висше светене", която се намирала в Еденската градина едновременно, тя се разпаднала на много части.

И виж в книгата Паним Масбирот (стр. 56), и там се казва: „И това е така, защото след като доброто и злото са се смесили (т. е. след греха), в клипот възникнало голямо здание, тъй като те имат силата да задържат святостта и за да се предпази от тях светлината от седемте дни на сътворението, е била разделена на мно-

---

29 Ари, Врата на кръгооборотите, Предговор първи
30 Ари, Врата на кръгооборотите, Предговор първи

го малки части, от които Клипот не могат да се хранят поради своята малочисленост.

Това прилича на притчата за царя, който иска да изпрати голяма сума златни динари на сина си в чужбина. Всички жители на страната му обаче са крадци и измамници, а той няма надежден пратеник. И така, какво е направил? Взел и разменил динарите за жълтици и ги изпратил чрез множество пратеници, така че да им стане неизгодно да изпитват удоволствие от грабежа, така че заради него да оскърбяват честта на държавата."

По същия начин, според реда на времената в множеството на душите, е възможно чрез светенето на дните да се изяснят всички свети искри, ограбени от Клипот заради греха на Дървото на познанието, както е казано по-горе.

И смисълът на множеството души е разделението на вътрешните светлини, а многото дни са разделението на външните светлини и монета по монета се събират в сметката на великата светлина, в която е съгрешил Адам Ришон, и тогава ще настъпи Краят на поправянето.

От това следва, че всеки, който се ражда, се е родил само с малка част от дела на душата на Адам Ришон и когато поправи своята част, вече не се налага да се преражда. Следователно човек може да поправи само това, което се отнася до неговата част, и това е посочено в „Дървото на живота" на Ари: „Няма ден подобен на друг, и няма миг подобен на друг, и няма човек подобен на друг, и ще поправи „халбана" (Galbanum – вид смола) това, което няма да поправи левона „тамян". Защото всеки трябва да поправи онова, което се отнася до неговия дял."

Все пак трябва да се знае, че всеки човек, който се ражда, има задачата да направи избор, защото човек не се ражда праведен, както са казали нашите мъдреци: „Защото Рав Ханина бар Папа обяснява: онзи ангел, който отговаря за бременността и чието име е „Нощ", взема една капка и я носи на Твореца, като казва пред Него: „Владетел на света! Тази капка, какво ще стане с нея? Силен или слаб? Умен или глупав? Богат или беден? „Но дали тя ще бъде грешник или праведник, не се пита"[31].

Оттук следва, че човек не се ражда праведен, защото „грешник или праведен не се пита", а на човека е дадено да избира. Всеки, в зависимост от усилията си в Тора и заповедите, е удостоен с честта да пречисти сърцето си и да поправи свойството си, което му е дадено от корена на душата му, и тогава той достига съвършенство.

ПЪРВОТО НИВО, С КОЕТО ЧОВЕК СЕ РАЖДА

В книгата „Зоар", гл. Мишпатим, се казва: „Виж, когато човек се ражда, му дават душа „нефеш" от свойството „животно", от страната на чистотата, от страната на онези, които се наричат „свети офаним", т. е. от света Асия. Този, който се е удостоил с повече - на него му дават душата „руах" от страната на светите създания, т. е. от (света) Ецира. Който се е удостоил с повече - му дават душата „нешама" от страната на трона, т. е. от света Брия„[32]. „Който се е удостоил с повече - дават му душата „нефеш" по пътя на Ацилут... Който се е удостоил с повече - дават му душата „руах" (от света) Ацилут от

---

31 Трактат Нида, 16:2
32 Зоар, Мишпатим, п. 11

страната на средния стълб и той се нарича син на Твореца, както е казано: „Вие сте синове на вашия Творец Всемогъщ"[33],... за които е казано: „Всяка душа „нешама" ще възхвалява Твореца" юд-хеи".[34] И името на Авая ще се попълни в тях.[35]

Защото съвършенството на душата „нешама" е, когато тя има Наран от БЕА и Наран от Ацилут. И това съвършенство е било на Адам Ришон преди греха, а едва след греха той е паднал от стъпалото си и душата му „нешама" се е разделила на 600 000 души, както е посочено по-горе.

И затова душевността на човека се нарича с името „нешама" дори когато той има само нефеш де нефеш, тъй като има правило, че когато се говори за качество, винаги се говори за (неговото) най-висше свойство. И тъй като най-висшето свойство на човека е нивото „нешама", духовността на човека като цяло винаги се нарича с името „нешама".

Макар че всеки човек се ражда на най-малкото стъпало, заедно с това се казва: „Защото всеки човек може да бъде като Моше, нашия учител, ако иска да пречисти делата си, защото може да приеме друг дух „руах", по-висш, от висотата (на света) Ецира, а също и душа „нешама" от висотата (на света) Брия. Разбери това и добре известното е от думите на нашите мъдреци: че духът „руах" на праведните или тяхната душа „нешама" се поражда в човека в явление, наречено „зараждане" „ибур", което му помага в работата за Твореца"[36].

---

33 Дварим, 14:1
34 Псалми, 150:6
35 Зоар, Мишпатим, п. 12
36 Ари, Врата на кръгооборотите, Предговор 1

И също, в коментарите на Сулам се казва: „И това явление, наречено „водач на магарета", е помощта за душите на праведните, изпратена свише, за да ги издигне от стъпало на стъпало. Защото без тази помощ, която Твореца изпраща на праведните, те не биха могли да се откъснат от стъпалото и да се издигнат по-високо. Затова на всеки праведник Твореца изпраща висока душа свише, на всеки според нивото и стъпалото му, която да му помага по пътя"[37]. И това се нарича зараждане "ибур" на душата на праведника, а това се нарича разкриване на душата на Праведниците.

Оттук следва, това което казват, че няма поколение, в което да не е имало подобни на Авраам, Ицхак и Яков, не означава, че те са се родили такива и нямат избор, а че хората, които се опитват да вървят по пътя на истината и полагат необходимите усилия, винаги получават помощ отгоре чрез раждането на душите на праведните, т. е. получават силата да се издигнат на по-високи стъпала.

Оказва се, че всичко, което се дава отгоре, е като помощ, но не без известен труд и избор. И светът съществува благодарение на тези праведници, които привличат доброто свише, и благодарение на това светът съществува.

---

[37] Бааль Сулам, Предговор към книгата Зоар, п. 85.

ЗАСЛУГИТЕ НА ПРЕДЦИТЕ
Статия 11, 1984

В Талмуд се споменава за спор по отношение на заслугите на предците (Шабат, стр. 55): „Шмуел казва: „Заслугите на предците са приключили." Рав Йоханан казва: „Помилвайте заслугите на предците". (А в Мидраш) Рав Аха казва: „Заслугите на предците съществуват завинаги и се споменават завинаги." И в Тосафот се казва: рабейну Там казва, „че заслугите на предците са приключили, но съюзът на предците не е приключил." За рав Йоханан изглежда, че няма спор между Шмуел и рав Йоханан: Шмуел казва, „че е приключило за грешниците, но не и за праведните", а рав Йоханан има предвид праведните.

Според горното можем да тълкуваме какво се пита за избора: „Ако има заслуги на предците, тогава няма избор тук, тъй като заслугите на предците карат човек да бъде праведен. И според думите в Тосафот, от името на АРИ, който казва, че заслугата на предците е само за праведните, следва, че първоначално човек има избор да бъде праведен, а в последствие може да използва заслугите на предците.

От книгата Матан Тора („Даряването на Тора") (т. 19), изглежда, че благодарение на заслугите на предците ние имаме силата да направим избора и ако не беше заслугата на предците, не бихме могли да направим избор. Реално виждаме, че макар да имаме заслуги на предците, все още не виждаме, че всеки има силата да направи избора. По-скоро на всеки му е трудно. Заслугата на предците обаче ни помага в избора. Това означава, че изборът се прилага, когато има две равни неща и аз трябва да реша.

Но когато едната страна е по-трудна от другата, не може да се каже, че мога да взема решение, тъй като естествено клоня към по-силната страна. Следователно, благодарение на заслугите на предците те са две равностойни сили и ние можем да решаваме. Затова се казва, че ни е дадена силата да направим избора.

За да разберем тези въпроси, трябва да погледнем какво е написано в книгата „Даряването на Тора" (точка 19): „Следователно Твореца не намери народ или език, способен да получи Тора, освен потомците на Авраам, Ицхак и Яаков, чиито заслугите на праотците са се отразили върху тях, както са казали нашите мъдреци: „Предците спазвали цялата Тора още преди да бъде дадена. „Това означава, че поради извисеността на душите си те са имали способността да постигат всички пътища на Твореца по отношение на духовността на Тора, която произтича от техния двекут (сливане) с Него, без предшестващата стълба на практическата част на Тора, която те изобщо не са имали възможност да спазват (както е написано в т. 16). Несъмнено както физическата чистота, така и умствената извисеност на нашите свети отци оказват голямо влияние върху техните синове и синовете на техните синове."

От това следва, че благодарение на заслугите на предците можем да направим избор. В противен случай би било невъзможно.

Въпреки това, ние се нуждаем от голяма милост дори след като имаме заслугите на праотците, за да можем да направим избора, което означава да изоставим любовта към себе си и да приемем любовта към ближния, така че всички наши стремежи ще бъдат само да дадем наслаждение на Твореца. И дори с всички сили на Тора и Мицвот (заповеди), че ще можем да победим злото в нас и да го превърнем в добро.

Трябва обаче да разберем защо той казва, че "заслугите на предците са приключили". Въпросът е "Какво е съществувало преди края на заслугите на предците? "И ако е така, тогава не е имало нужда от избор, тъй като той е имал заслугите на предците. Все пак трябва да кажем, че молбата на човека Той да му помогне да се доближи до Него – до истинското служене на Твореца – е самата молитва. Неговата молба, Той ще му помогне със заслугите на предците, сама по себе си се счита за "избор". Изборът е той да прави, каквото може и това вече се счита за избор.

ВАЖНОСТТА НА ГРУПАТА
Статия 12, 1984

Известно е, че тъй като човек винаги се намира сред хора, които нямат никакво отношение към работата на пътя на истината, а обратно, те винаги се противопоставят на тези, които вървят по пътя на истината. И тъй като мислите на хората се смесват, излиза че мненията на противниците на истинския път влизат в тези, които имат някакъв стремеж да вървят по пътя на истината.

Затова няма друг съвет, освен да създадат своя собствена група с определени рамки. И това да бъде отделна общност, която не се смесва с други хора, които имат мнение различно от мнението в тази група. И всеки път те трябва да пробуждат себе си за целта на групата, така че да не бъдат привлечени от мнозинството. Защото природата е такава, че сме увличани от мнозинството.

Ако такава група се е отделила от останалите хора, тоест нямат никаква връзка с останалите хора в духовните дела, а всички контакти трябва да бъдат ограничени само до материалните въпроси, то тогава няма да се смесват с техните мнения, тъй като нямат никаква връзка по въпросите на религията.

В същото време, когато човек се намира сред религиозни хора и започне да разговаря и спори с тях, то неговите възгледи веднага се смесват с техните и подсъзнателно техните мнения проникват в неговите мисли до такава степен, че човекът престава да осъзнава, че това не са негови собствени мнения, а е това, което е получил от хората, с които се е свързал.

Затова по въпросите за работата на пътя на истината, на човек му е нужна изолация от останалите хора, тъй като пътят на истината е такъв, че се нуждае от постоянно укрепване, тъй като противоречи на мнението на света. Защото мнението на света е знание и получаване. Докато мнението на Тора е вяра и отдаване. И ако човек се отдалечи от това, сега забравя цялата работа на пътя на истината и пада в света на егоистичната любов. И само групата (може да му помогне) на принципа "човек да помогне на ближния си". Тогава всеки от групата получава сила да се бори с мненията на света.

И също намираме в думите на книгата Зоар: „Така и човек, който живее в град, където живеят лоши хора и не може да изпълнява Тора и заповедите, променя мястото и се изселва от там и пуска корени на място, в което живеят добри хора, изпълняващи Тора и заповедите. Защото Тора се нарича „дърво" както е казано: „Дървото на живота е за държащите се за нея". И човекът е дърво, както е казано: „Защото човек е дърво в полето". А заповедите в Тора са подобни на плодове. И както е казано за него: „Само дървото, за което ти знаеш, че не е плодно дърво, него унищожавай и изкоренявай". Него унищожавай от този свят и изкоренявай от бъдещия свят".

Затова той трябва да се изкоренява от мястото, на което има грешници, защото там няма да успее в Тора и заповедите. И нека да се посади на друго място, сред праведници и ще успее в Тора и заповедите.

Тъй като човек, когото Зоар уподобява на дърво в полето, подобно на дървото в полето, тоест постоянно трябва да отрязва плевелите, които са около него, тъй като те му влияят. Човек също трябва да се отдалечава от лошото обкръжение, тоест от тези хора, на които не се харесва пътят на истината. И е нужно много да се предпазваме, да не ги последваме.

И това се нарича състояние на „изолация". Тоест той се намира в мисли за „властта на Единия", която се нарича свойство отдаване, а не във „властта на множеството", което е свойство на егоистичната любов и това се нарича „две власти", тоест „власт на Твореца" и „негова собствена власт".

И от тук ще разберем думите на нашите мъдреци: „И казал раби Йеуда, казал рав: Адам Ришон бил отстъпник, както е казано: „И повикал Твореца Всесилен човека и му казал: Къде си? Накъде се е обърнало сърцето ти?"

И обяснява Раши: „Бил отстъпник, обръщал се е към идолопоклонничеството". В коментарите „Ец Йосеф" се казва: „Където е написано: „къде си?", накъде е обърнато сърцето ти? - това е отстъпничество, както е казано: „И няма да следвате вашите сърца" - отстъпничество е когато сърцето му се отклонява на друга страна".

И това е много странно, как може да се каже за Адам Ришон, че се е склонил към идолопоклонничество? Или съгласно коментарите в „Ец Йосеф", че той се отнасял към свойството „И няма да следвате вашите сърца", което е отстъпничество. И съгласно това, както изучаваме, че работата за Твореца се състои изцяло в отдаване. Излиза, че ако човек работи за получаване, то това е работа, която му е чужда, защото трябва да работи само за отдаване. А той взел всичко за получаване.

Затова той („Ец Йосеф") казал, че той („Адам Ришон") претърпял неуспех в (указанието): „И няма да следвате вашите сърца". Тоест той не могъл да приеме вкусването от дървото на познанието заради отдаване, а е вкусил от дървото на познанието заради получаване. И това се нарича свойство „сърце" - „либа". Тоест сърцето иска да получава само за собствена изгода. И това е и бил грехът на Дървото на Познанието. И за да разбереш това, погледни предговора към книгата „Паним масбирот".

От тук ще разберем в какво е ползата от общество, което може да създаде друга атмосфера, позволяваща да се работи само за отдаване.

ПОНЯКОГА НАРИЧАТ ДУХОВНОСТТА С ИМЕТО „НЕШАМА"
Статия 13, 1984

Нужно е да се разбере защо понякога наричат духовността с думата „нешама", както е казано: „... тяло и душа (нешама)", а понякога наричат духовността с думата „нефеш", както е казано: „... И възлюби Твореца Всесилен твой с цялото си сърце и с цялата си душа („нефеш")"[38].

Обикновено, когато говорим за духовността, говорим за висшето свойство, което е там и това е „нешама". Когато човекът знае, че в духовността може да достигне високо ниво, т. е. да получи нивото „нешама", то това да пробуди в сърцето му стремеж да достигне до това ниво и той размишлява: „каква е причината, че още не го е достигнал? „И тогава ще разбере кое не му достига за постигане на духовното. Това е недостатъка на подобието по форма.

На тялото е родено с природа любов към себе си, а това е свойство на различие по форма по отношение на Твореца, когото постигаме само като отдаващ. Затова човек трябва да очисти тялото си и да стигне до подобие по форма, така че също да се стреми да извършва действия насочени само към отдаване. Благодарение на това ще има възможност да достигне до това духовно стъпало, до точката „нешама". Затова винаги казваме думите: „тяло и душа „нешама"".

Но когато говорим за реда на работата, то имаме предвид, че след стъпалото „тяло" идва стъпалото

---
38 Молитвата «Шма Исраел»

„душа" („нефеш"). Затова е казано: „И възлюби Твореца Всесилен свой с цялото си сърце и с цялата си душа („нефеш")". Тоест, „нефеш" е второто стъпало след тялото.

Затова първо е казано: „с цялото си сърце", а след това: „с цялата си душа („нефеш"). Тоест това, което има, трябва да бъде готов да го даде на Твореца. Но след това, ако той достигне по-високо стъпало, тоест „руах", след това „нешама", той също трябва да бъде готов да отдаде на Твореца. Само Писанието започва от първото стъпало, което следва след тялото.

И всичко, което човек има, трябва да даде на Твореца, което означава, че той не прави нищо за собствена полза, а всичко е само за Твореца и това се нарича, че всичките му действия са само за отдаване. И той (човекът) няма самостоятелна ценност, а всичко е за Твореца.

И от тук разбери казаното в книгата „Зоар" (глава „Трума"): „... И с цялата си душа (нефеш)"[39]. И пита: „Би следвало да каже: „И душата твоя". Какво е: „От цялата ти душа"? Защо е казано „от цялата"? И отговаря: „Защото тя трябва да включи нефеш, руах, нешама. В това е смисълът на думите: „И с цялата ти душа" - всичко, което съдържа в себе си тази душа „нефеш""[40].

И от тук виждаме, че Зоар ни обяснява, че думата „цялата", която ни добавя Тора е добавена да ни покаже, че също и в свойството нефеш са включени руах и нешама. Но специално започва със свойството нефеш,

---

39 Дварим. 6:5
40 Зоар, Трума, п. 670

защото след свойството тяло „гуф" започва свойството „нефеш". В същото време, когато просто говорим за духовността, ние наричаме духовността с името „нешама". Както е казал: „И вдъхнал в ноздрите му душата „нешама" на живота.

За да достигнем до стъпалото НаРаН (Нефеш, Руах, Нешама), трябва да вървим по пътя на отдаването („ашпаа") и да се стараем да излезем изпод любовта към себе си. И това се нарича „Пътят на Истината". Т. е. благодарение на това, ще постигнем истинското свойство, съдържащо се в управлението на Твореца, защото Той ни управлява със свойството Добър и творящ Добро.

И това се нарича: „Печатът на Твореца е Истината". Това означава, че краят на Неговата работа, т. е. работата по създаването на световете е да наслади Своите творения, се заключава в това, че човек трябва да стигне до свойството на Твореца (наречено) „истина". Тоест човек да разбере, че е стигнал до своето съвършенство, след като е постигнал, че управлението на Твореца е свойството Добър и Творящ Добро, независимо дали има цялото добро и също трябва да види, че цялото добро ще бъде и у другите, тоест той ще види, че цялото добро е в цялото общество.

И това е казано в „Предговора към учението за десетте сфирот": „А четвъртият стадий на любовта е любов, която не зависи от нищо и е вечна. Тъй като след като човек оправдае целия свят на страната на доброто, любовта става вечна и абсолютна. И не можем да си представим никога никакво покритие и скриване.

Тъй като там е мястото на пълното разкриване на лика, както е казано: „И няма да се скрива повече учителят твой и ще виждат очите ти учителя твой". Тъй като той вече знае всичките дела на Твореца с всичките творения от гледна точка на истинското управление, разкриващо се от Неговото име: Добър и Творящ Добро за лошите и за добрите.

Излиза съгласно това, ако той е достигнал до окончателно съвършенство, той се намира в постижение на своето истинско състояние, но преди това има предварителни стъпала, както е написано в Предговора към ТЕС, че: „първата категория е възвръщане от трепет",[41] както е казано: „... първата степен на постигането на разкриването на лика, тоест постигането и усещането за управлението с награда и наказание, когато засвидетелства за него Знаещият тайните, че няма да се върне той към глупостта своя, както е казано по-горе. И това се нарича „връщане от трепета", когато злодеянията стават за него като заблуждения. И той се нарича „незавършен праведник". А също се нарича „среден".[42]

Но до преди казаното горе има още един признак за това, дали човекът върви по пътя на Истината. И това е състоянието на негатив. Тоест, макар и да вижда, че е в по-лошо състояние, тоест преди да е започнал да върви по пътя на истината, той е почувствал, че е по-близо до святостта.

Докато, когато е започнал да върви по пътя на истината, той чувства, че е по-далеч от святостта. И според

---

41 Баал Сулам, Предговор към ТЕС, п. 150
42 Там, п. 63

известното правило „прибавят в святостта, но не отнемат". Възниква въпрос: защо сега, когато върви по пътя на истината, той чувства, че е вървял назад, а не напред, както се полага когато се върви по пътя на истината? В крайна сметка, да не слязат от предишното състояние.

Отговорът е, че отсъствието трябва да предшества присъствието. Това означава, че първо трябва да има кли, наречено „хисарон" и след това има място за напълване на този хисарон. Затова първо човек трябва да върви напред, всеки път повече и повече да се приближава към истината.

Тоест всеки път той върви напред и вижда състоянието си: че е потопен в любовта към себе си. Всеки път трябва да вижда, че любовта към себе си е зло, защото любовта към себе си е това, което му пречи да стигне до доброто и наслаждението, които ни е приготвил Твореца, тъй като то е това, което ни отделя от Твореца, както е известно.

От тук ще разберем, че това, че човек мисли, че върви назад, в момента в който е започнал да (върви) по пътя на истината, следва да се знае, че това не е така. А той върви и напредва към истината. А преди това, когато работата му не е била основана на пътя на отдаването и на истината, тогава е бил далеч от това да види истината.

И тогава, той трябва да стигне до усещането на злото в себе си. Както е казано: „Да няма в теб чужд бог". И обяснили нашите мъдреци: „Какво е чужд бог в тялото на човека? Следва да се каже, че това е злото начало". Тоест „в човека". Това е желанието за получаване в него и това е злото му начало.

И тогава, когато човек е стигнал до осъзнаването на злото, може да се каже, че върви към неговото поправяне. Съгласно това излиза, че преди да постигне злото в себе си до степен, че не може да го търпи повече, няма какво повече да поправя. Затова от тук следва, че човек наистина е стигнал много напред по отношение на истината (в способността) да види своето истинско състояние.

И когато човек види злото в себе си до степен, че не може да го търпи, тогава започва да разглежда съвети как да излезе от това. Но единственият съвет за човек от Исраел е само да се обърне към Твореца, така че Той да даде светлина за очите и сърцето му и да го напълни с висше благо. Както са казали нашите мъдреци: „Този, който идва да се очисти, му помагат".[43]

И когато той започне да получава помощ от Твореца, тогава всичките му недостатъци (хисронот) се запълват със светлината на Твореца. И тогава той започва да се изкачва по стъпалата на святостта, тъй като в него е подготвен хисарон благодарение на това, че е започнал да вижда истинското си състояние. Затова сега има място да придобие съвършенство.

И тогава човек започва да вижда, как всеки ден, съгласно своята работа, се изкачва все по-нагоре и по-нагоре. Но винаги следва да пробуждаме това, което се забравя от сърцето и това е, което е необходимо за поправяне на сърцето, а именно - **любовта към другарите**, целта на която е да стигне до любов към ближния. И това не е приятно за сърцето, наре-

---
43 Трактат Шабат, 104:1

чено „любов към себе си". Затова, когато има някакво събиране на другарите, не трябва да забравяме да повдигаме този въпрос. Тоест всеки да попита себе си доколко сме напреднали в любовта към ближния. И колко действия сме извършили, така че да ни доведат до напредване по дадения въпрос.

ВИНАГИ ЧОВЕК ТРЯБВА ДА ПРОДАДЕ ВСИЧКО, КОЕТО ИМА И ДА СЕ ОЖЕНИ ЗА ДЪЩЕРЯТА НА МЪДРЕЦ
Статия 14, 1984

„Винаги човек трябва да продаде човек всичко, което има и да се ожени за дъщерята на мъдрец"[44] (Трактат псахим), което означава, че цялото имущество, което е придобил благодарение на усилията си, всичко това трябва да продаде, тоест всичко да отдаде и от всичко да се откаже, и да вземе вместо това дъщерята на мъдрец. От тук следва, че ако не вземе дъщерята на мъдрец, всичките му усилия в Тора и заповедите, които е приложил през целия си живот, в това няма никакво съвършенство. И само ако се ожени за дъщерята на мъдрец, тогава ще се удостои със съвършенство. Затова са казали мъдреците, да продаде всичко, което има, тоест че си струва да продаде всичко заради дъщерята на мъдрец. Затова трябва да разберем какво е това „дъщеря на мъдрец" (букв.: „ученик на мъдрец").

И ето, моят баща и учител е казал: „ученик на мъдрец", тоест този, който е ученик на мъдрия, тоест учи от мъдрия. Тогава той се нарича „ученик". И мъдър се нарича Твореца, чието свойство е само да отдава. Той се нарича „ученик на мъдрия", тъй като се учи от Него на свойството отдаване.

От тук ще разберем казаното от мъдреците: „Винаги трябва да продаде човек всичко, което има и да се ожени за дъщерята на мъдрец". Тоест че цялото уси-

---
[44] Трактат Псахим, 49:2

лие, което е приложил в Тора и заповедите, ще отдаде и ще получи за това възнаграждение под форма на придобиване на отдаване.

Това означава да определи в сърцето си нова природа вместо това, което има от природата - любов към себе си и да установи сега втора природа, и тя е желание за отдаване. Тоест че всяка мисъл, дума, негово действие да бъдат само за отдаване на Твореца, тъй като в това е целият човек. Тоест че само до това ниво човек трябва да стигне, защото само келим трябва да достигнем. Тогава отдаването е напълване на келим. Това идва от страна на Твореца, тъй като „повече отколкото телето иска да суче, кравата иска да го накърми"[45]. Затова само силата на отдаване не ни достига.

И следва да се обясни написаното в Зоар: „Ако Израел са се удостоили, е слизал огнен лъв, да изяде своите жертви. А ако не са се удостоили, е слизало там огнено куче"[46]. Известно е, че лъвът дава знак за милост (хесед) и това е дясната страна на колесницата. „Ако са се удостоили", където „удостоили се", „зхут" е свойството чист „зах", тоест отдаване. Тогава ни показват мяра срещу мяра и свише също е изхождало свойството лъв, тоест свойството милост (хесед) се разпространило на нисшите. Тогава е имало висше благо за нисшите в изобилие.

„А ако не са се удостоили", тоест, че не са се занимавали с отдаване, а само с любов към себе си. Тогава свише е било привличано свойството куче. Където „куче" посочва както е написано в Зоар за изречение-

---

45 Трактат Псахим, 112:1

46 Зоар, Пинхас, п. 218

то: „И пиявицата има две дъщери"[47], които крещят като кучета - Дай - „ав"[48] ни щастието на този свят, дай - „ав" ни щастието на бъдещия свят".[49]

Тоест двете дъщери крещят като кучета: „Дай ни щастието на този свят, дай ни щастието на бъдещия свят, което означава само да получават, а не да отдават. Затова свише ни показват, че не можем да предаваме висше благо надолу и това се нарича „мяра срещу мяра".

От тук следва, че главното в работата ни е само да се удостоим да достигнем келим, готови за получаване на висше благо и това са отдаващи келим. Затова човек трябва да концентрира всичките си усилия само в едно нещо, наречено „отдаващи келим". И това ще бъде цялото му възнаграждение, което желае да достигне в Тора и заповедите и благодарение на това ще достигне до сливане с Твореца. И това е крайната цел на човека, да се удостои да достигне сливане с Твореца.

И аналогично виждаме в казаното в Зоар за израза: „А милостта за народите[50] е прегрешението[51]", защото „всичкото добро, което правят, го правят за себе си"[52], което означава че цялата милост, тоест, действията по отдаване, които извършват не са с намерение за отдаване, а са с намерение за себе си. Тоест да получат възнаграждение за това, а иначе не са способни да извършат действия по отдаване.

---

47 Писания, Притчи, 30:15
48 „ав"(арам."дай") звучи, като лай на куче (ср. „бау")
49 Зоар, Предговор към книгата Зоар, п. 96
50 Думата «хесед» има две различни значения: милост (ивр.), позор (арам.)
51 Притчи, 14:34. Праведността извисява народа, а позора на племената е прегрешение
52 Тикуней Зоар, 73:2

Иначе, народа на Исраел са способни да извършат действия по отдаване. И може да бъде разбрана каква е причината народа на Исраел да бъдат способни да извършват действия по отдаване. Също може да бъде разбрано, както чуваме от хората, които са станали религиозни, казват, че преди да станат религиозни, са били по-способни да извършват действия по отдаване. Докато след това, тоест, след като са станали религиозни, тогава им е по-трудно да извършват действия по отдаване.

И за да разберем по-добре казаното по-горе, е необходимо да си спомним известното ни правило, че човек се нарича „творение", само защото в него има желание за получаване, защото това се нарича „създаден от нищото". Съгласно това излиза, че по природата си той не е способен да извърши нито едно действие по отдаване, ако не получи за това някакво заплащане. А заплатата не е задължително да се състои в това, да получи за усилията си някакъв предмет. А може би ще получи някакво успокоение. Тоест ако в него се пробуди някакво милосърдие към другия съвестта не му дава покой дотолкова, че той е задължен да помогне на другия. Това също се нарича награда(замяна). Но просто така да извърши нещо, за да се наслади другия, тогава той си казва: „А какво ще имам от това?

В същото време, Исраел благодарение на Тора и заповедите, могат да постигнат втора природа. Тоест вместо природата, с която са родени, с желание само за получаване, ще получат втора природа, когато той сега извършва действия само за отдаване. И това е постигнал чрез Тора и заповедите, които са внесли в него искри на отдаване и те му дават усещане, че ще има желание да се уподоби на корена си. В същото време, без Тора и заповедите човек не може да излезе от своята природа и това е желанието за получаване само за себе си и не може да извърши никакво действие по отдаване, без възнаграждение.

От тук ще разберем какво казват върналите се в религията: че преди да се върнат в религията са имали повече сили да извършват действия по отдаване. Докато след това, когато са станали религиозни, чувстват че им е по-трудно да извършват действия по отдаване.

Следва да се отговори на това така, както е разяснено в Предговора към книгата Зоар, където е написано: „… Защото от момента на раждането в него има желание да получава само в материалното. И затова, независимо че до 13 годишна възраст той е достигнал огромно желание за получаване, това все още не е края на растежа на желанието за получаване. Главният ръст на желанието за получаване се извършва само в духовното. Защото например преди 13 години целият му стремеж и желание е да погълне цялото богатство и почести на материалния свят. В същото време на всички е ясно, че за него светът не е вечен, съществуващ за всеки като сянка, която е преминала през времето и я няма. Докато, когато той достигне огромно духовно желание за получаване, та тогава той иска да погълне за свое удоволствие цялото благо и богатство от бъдещия, вечен свят, който е придобивка во веки веков (за вечни времена). По такъв начин основното желание за получаване завършва само в желанието за получаване на духовността"[53].

От тук следва, че преди да са станали религиозни, са имали материално желание за получаване и то не е толкова голямо. Затова са имали повече сили да извършват действия по отдаване. Когато стават религиозни и желанието за получаване пораства в желание за получаване на духовността, тогава автоматично става по-трудно, тъй като сега желанието за получаване има повече сили, отколкото когато е било само материално желание за получаване. Затова преди да станат религиозни са имали някаква сила за действия по отдаване. Но когато станали религиозни, достигнали духовно желание за получаване, затова сега им е по-трудно се занимават с отдаване.

Затова не трябва да се казва, че са станали по-лоши или да се каже, че религиозните са по-лоши, защото им е по-трудно да извършват действия по отдаване, а желанието за получаване е станало по-голямо, затова е по-трудно да го преодоляват. Например, преди да достигне духовно желание за получаване, неговото зло е било 30 процента. След това, когато е достигнал духовно желание за получаване, неговото зло е получило още 70 процента. Затова сега са му нужни по-големи сили, да може да го преодолява.

Но не следва да казва, че сега той със собствени сили е отстъпил назад. Обратно, сега само е необходимо да използва средства, които да му позволят да победи силите, които е придобил. Средствата за това

---
[53] Баал Сулам. Предговор към книгата Зоар, п. 30

са изпълняване на Тора и заповедите с намерение „светлината в нея да го върне към източника".

Съгласно това излиза, че е напреднал и е достигнал повече зло, за да го поправи. Но всяко начало е трудно, затова той мисли, че сега е по-лош. Но той трябва да знае, че всеки път му дават повече зло за поправяне, докато се удостои да поправи всичко.

(Продължението на статията е в следващата статия)

ВЪЗМОЖНО ЛИ Е СВИШЕ ДА ДОЙДЕ НЕЩО ОТРИЦАТЕЛНО
Статия 15, 1984

Нека изясним статия 14 (1984), в която се разглеждат думите от книгата „Зоар": „Ако Исраел заслужаваше, той би се спускал като огнен лъв, за да погълне жертвите си. А ако не са заслужили, тогава там би се спуснал огнен пес. „В тази връзка мъдреците са задали въпроса: как може нещо негативно да се спусне свише? Тъй като разбираме, че това, което идва свише, е призовано за добро. Но когато дойде нещо, което не е положително, какво поправяне ще произтече от това? Да предположим, че свише дойде подобие на огнено куче - това не е нещо положително.

Можем да разберем това от примера. Един човек имал болен син. Той отишъл при някакъв лекар който му дал лекарство Но то не помогнало на сина му. След това приятели го посъветвали: тъй като тук има известен професор, макар че взема много пари, все пак си струва да отидете при него, защото е голям специалист. Когато отишли при него и професорът прегледал болния син, казал, че има опасна болест с определено название.

Човекът платил на професора предварително определена сума и след това, като се върнал у дома, изпратил да повикат приятелите му и им казал: „Вие ме посъветвахте да отида при известния лекар и казахте, че си струва да му платя много пари. А накрая той каза, че синът ми е болен от дори по-сериозна болест от тази, която каза обикновения лекар. И за това си струваше да платя толкова висока цена, да ми каже, че сина ми има опасната болест ли? Все пак, защо отивам при лекар? За да излекува болния, а не да каже, че синът ми е болен от тежка болест.

На това приятелите му отговорили, че лекарят е казал точно от какво е болен и сега, когато специалистът е определил истинската болест, е ясно как да се излекува. Тъй като, за лечението не е необходим голям специалист, защото за всяка болест вече се знае лекарството. Главното е да се разбере от какво в действителност е болен. Това означава, че плащаме на специалиста повече от обикновения лекар, именно за да постави точна диагноза на заболяването.

От това следва, че откриването на недостатъка (хисарон), който се нарича отрицателен, все пак се нарича положителен. С други думи, самото познаване на болестта е поправяне, защото сега човекът знае какво трябва да поправи. Така че познаването на болестта се включва в нейното излекуване. Невъзможно е да се излекува болест, без да се знае причината за нея.

Затова, когато е слизало „огненото куче", където формата на кучето показва, че нишите са във властта на егоистичната любов, наречена, както казва Зоар: „Ав! Ав![54] - Дай! Дай!", като кучето се счита за положително, тъй като сега знаем какво да поправим, защото това, което не достига, е само да се поправи получаващото кли.

По такъв начин, когато свише идва образа на огнено куче, то идва с цел поправяне, а не опорочаване. Затова то също е положително, а не отрицателно.

---

54 Зоар, Предговор към книгата Зоар, п. 96. Пиявицата има две дъщери - които пищят като куче и казват: „Дай ни щастието на този свят, дай ни щастието на бъдещия свят".

Каквото и да идва свише, дори и в очите на нисшите да изглежда като недостатък, но след като нисшите го изследват, виждат че всичко е за тяхно добро, за да знаем в какво трябва да се поправим..

Обяснението на статия 14 (1984), където е казано, че материалното желание за получаване, което е само половината от степента на желанието за получаване, как ако получава духовно желание за получаване, той напълно завършва желанието за получаване.

От това следва, че когато човек има материално желание, той не е толкова лош. За какво му е да получава духовно желание? Да стане по-лош? Затова бих казал, че е по-добре да остана в материалното желание. И за какво ми е да се трудя, за да стигна до духовно желание за получаване и да стана по-лош? За какво му е да влиза на опасно място, което, може би, няма да може да поправи? В такъв случай, разбира се, по-добре е да остане с материалното желание за получаване, когато всичките му стремежи да бъдат насочени само към материални неща и изобщо да се желае духовното.

В предговора към книгата „Зоар" се казва: „Първия период съществува, за да се придобие огромно желание за получаване без ограничения, в цялата му поквара, като продукт (от дейността) на системите на четирите нечисти свята АБЕА. Тъй като, ако нямаме това покварено желание за получаване, ние няма да можем да го поправим по никакъв начин, тъй като е невъзможно да поправи това, което го няма в него"[55].

Това означава, че нямаме друг избор - ние сме длъжни да извършваме действия, които ще ни дове-

---
55 Баал Сулам, Предговор към Книга Зоар, № 29

дат до достигане на духовно желание за получаване. Но това също не е лесно. Човек може да придобие духовно желание, първо, човек трябва да вярва, че духовността съществува и че то е по-важно от всички материални наслаждения - до такава степен, че си струва да се откаже от тях, за да придобие духовни наслаждения. Ето защо и тук се изисква много работа, на която не всеки е способен.

Но едновременно с това, на този етап, все още се счита за свойството зло – тоест, че е достигнал непоправеното желание за получаване. И това се нарича, че от ло лишма се стига до лишма.[56] С други думи, първо човек трябва да достигне стъпалото ло лишма, а след това може да го поправи с намерението за отдаване. Тъй като е невъзможно да се изгради намерение без действие. Само като реализира действието, човек може да положи усилия да го насочи в правилната посока, наречена „заради небесата".

Съответно, работата на човека по пътя към съвършенството, за което той е създаден, се разделя на четири категории:

1. Получаване заради получаване.
2. Отдаване заради получаване.
3. Отдаване заради отдаване.
4. Получаване заради отдаване.

Първата категория, „получаване заради получаване", е първото ниво, с което се раждат творенията. Тук освен любов към себе си, те нищо друго не разбират. С други думи, те нямат интерес да правят добро на когото и да било – напротив, по природа са потопени в

---

[56] Трактат Санедрин, 105:2

желанието да получават само за себе си. В тази категория е целият свят, без разлика между хората.

В Тора категория е „отдаване заради получаване". Това ниво вече надхвърля общата обичайна рамка (на жителите) на света, които са свикнали да извършват действия само за получаване. Човек извършва действия по отдаване, но той трябва да има оправдание - защо иска да се разграничи от целия свят и да извърши действия, насочени срещу вродената му природа. Тогава той казва на тялото си: „Знай, че благодарение на това, че извършвам действия на отдаване, ще получиш по-голямо удоволствие." Той кара тялото да разбере, че е изгодно за него и трябва да вярва, че ще бъде отплатено. Ако тялото вярва в това, то позволява на човек да действа – до степента на вярата му, че ще го възнаградят за отказа да получава за себе си и да работи за отдаване. Това се нарича ло лишма, от което, както са казали мъдреците, се достига до лишма.

Това е трамплинът за преминаване от едно състояние в друго: от състояние ло лишма към състояние лишма, тъй като от гледна точка на действието те са равни. С други думи, няма никакво свойство, позволяващо да се каже, че нещо може да се добави към действието лишма. И тъй като те са равни от гледна точка на действието излиза, че няма никаква работа по отношение на действието, а цялата им работа е само по отношение на намерението. С други думи, те трябва да мислят само за това, дали наистина действието, което извършват е свързано със заповедите на Твореца, тъй като Твореца ни е заповядал да изпълняваме заповеди и ние искаме да изпълним Неговите заповеди, защото за нас е голяма чест да Му служим и тъй като Той ни е дал да знаем с какво можем да Му служим.

И тогава започва работата по изясняването. Тоест наистина ли е вярно, че цялото му намерение в Тора и заповедите е насочено към отдаването или той има други равносметки? Или (той действа), изхождайки от преценките на егоистичната любов и затова изпълнява Тора и заповедите.

Когато той вижда колко далеч е все още от това наистина всичките у действия да бъдат за небесата, тогава той се нуждае от изясняване на истината. Мнозина са тези, които не изясняват истината, а мислят, че действително постъпват в името на небесата. Въпреки че все още не са сто процента в лишма, те обикновено се чувстват така, сякаш това е лишма. Има какво да се добави в състоянието лишма. Но всъщност те нямат истинско усещане дали поради природата им, или тъй като не са имали добър възпитател, който да им покаже пътя как да не се самоизмамват.

Затова те не могат да стигнат до Лишма. Защото „лишма" е истина, а ло лишма е лъжа. Между тях е необходимо да има нещо средно, трамплин от лъжата към истината. И междинното средство за това, между истината и лъжата е истинската лъжа. Има лъжа, която не е истинска лъжа, защото той мисли за лъжата като за истина. Тоест той върви по пътя на лъжата, но мисли, че това е истина. Излиза, че това не е истинска лъжа. Тогава как, ако знае, че наистина върви в лъжа, тогава върви по пътя на истината, та той знае, че всъщност това е лъжа, тогава има трамплин. И само тогава може да влезе в истинската истина, тоест, от лъжливата истина - в истинската истина.

Докато човек не знае, че е на грешен път, той не вижда необходимост да променя пътя си и да тръгне по друг път - ако не е разкрил, че живее в лъжа. И само ако е научил, че всъщност е в лъжа, тогава той е в състояние да промени своя път и да тръгне по пътя на истината.

От това следва, че ако човек вече е поел по пътя на истината, тогава той върви по пътя на Лишма, но все още е в средата на пътя. Например, човек, който иска да стигне до Йерусалим, се качва в кола, която според пътните знаци го отвежда до Йерусалим. И дори ако вече е изминал осемдесет или деветдесет процента от пътя, той все още не е в Йерусалим. Само при пристигането там ще може да каже, че е в Йерусалим.

Същото е и в духовното. Да предположим например, че Йерусалим се нарича истина, тоест лишма. И без съмнение трябва да признаем, че преди да влезе в лишма, в истината, човек все още е в лъжа - в ло лишма, което се нарича лъжа. Макар, че той вече е изминал почти целия път и стои пред портите, наречени „истина", в свойството лишма, все пак, той все още е отвън. Това означава, че човек не може да знае дали е стигнал до лишма, докато не се удостои да влезе в лишма.

Кога човек може да разбере, че вече се е издигнал до стъпалото лишма? По какъв признак може да се разбере, че сега е на стъпалото на истината?

Отговорът на това намираме в Предговора към ТЕС (п. 56): „Оттук разбери думите на мъдреците: „Какво означава възвръщане?" - Докато не свидетелства за него Знаещият тайните, че той повече няма да се върне към глупостта си". На пръв поглед тези думи са невероятни. Тъй като ако е така, тогава кой ще се изкачи до небесата, за да чуе свидетелството на Твореца? И пред кого трябва да свидетелства Твореца за това? Не е ли достатъчно, че самият Творец знае, че човекът се е възвърнал с цялото си сърце и няма да съгреши отново? Но от това, което беше обяснено, това е доста просто. Всъщност човек не може да бъде абсолютно сигурен, че няма да съгреши отново, докато не заслужи постижението на Управление чрез награда и наказание, (което се изясни по-горе), тоест разкриването на лика на Твореца. И разкриването на лика от страна на Твореца се нарича „свидетелство". Така на човека е даден ясен знак: „Докато не засвидетелства за него Знаещият тайните".

От това следва, че когато човек е стигнал до свойството отдаване, той се удостоява да разкрие лика на Твореца. Това се нарича: „Знаещият тайните свидетелства за него, че е постигнал лишма." И това е третата категория – отдаване заради отдаване. С други думи, човек вече е достигнал до състоянието лишма, което означава че е стигнал до нивото на истината. И това е било постигнато благодарение на трамплина, наречен „От ло лишма се стига до лишма". Но разбира се, с всички условия, които трябва да изпълни, за да не остане в ло лишма, както беше казано по-горе.

Когато човек завърши етапа на отдаване заради отдаването, идва четвъртата категория - получаване заради отдаване, което е стъпало на съвършенството. С други думи, той е достигал ниво, на което казва „Искам да получа удоволствие и наслаждение", защото знам, че искам да изпълня целта на творението, с която Твореца е създал творението, тъй като такова е Неговото желание.

Но поради егоистичната любов, той няма никакво желание и стремеж към това, защото вече е стигнал до нивото подобие по форма, наречено „отдаване за отдаване". Затова сега той иска да изпълни желанието на Твореца и това е желанието Му да наслади Своите творения.

Тук трябва да знаем, че има две понятия: целта на творението и поправянето на творението. Целта на творението е да наслади Своите творения, което означава те да получат благо и наслаждение. Така, колкото повече наслаждение получават, толкова повече се наслаждава Твореца. Затова този, който е на стъпалото на съвършенство, винаги желае да получи много удоволствия и наслаждения.

От друга страна, този който е стигнал до нивото на отдаване заради отдаването, което е сливане и подобие по свойства, във всеки случай това е само поправяне на творението. С други думи, творението трябва да стигне до такова състояние, когато творенията ще получат благо и наслаждение - и след всичко това те все пак, след цялото получаване на наслада, ще останат в свойството отдаване. Това се нарича „получаване заради отдаване".

ОТНОСНО ОТДАВАНЕТО
Статия 16, 1984

Следва обяснение по въпроса за отдаването. Когато човек служи на някого, когото светът смята за важен, важният човек не трябва да го възнаграждава за услугата му. По-скоро самата услуга за важен човек се разглежда от него като че ли го е възнаградил. Това означава, че ако той знае, че служи на важен човек, той вече се наслаждава от това и не се нуждае от допълнително наслаждение. Вместо това самото служене е неговото удоволствие.

Но ако той служи на обикновен човек, той не изпитва удоволствие от служенето, трябва да бъде възнаграден за него. Това означава, че ако направи същата услуга за важен човек, той няма нужда от награда.

Ако например дойде важен човек със самолет. Носи малък куфар. Много хора го чакат да пристигне и важният човек дава куфара си на някого (от чакащите), да го занесе до колата, която ще го откара до вкъщи. За тази услуга важният човек иска да му даде, да кажем, сто долара. Той със сигурност ще откаже да получи от него, защото удоволствието, което изпитва от служенето, е повече от стоте долара, които му дава.

Но ако беше обикновен човек, нямаше да му служи дори за пари. Вместо това той би му казал: „Тук има носачи. Те ще ви носят куфара до колата. Що се отнася до мен, не ми подхожда да ви служа. Но тъй като това е работа на носачите, ако им платите те ще се радват да ви обслужат."

От това следва, че едно и също негово действие има разлика и съществено разграничение не в действието, а за кого го прави. Ако го прави за важен човек, зависи само от важността на този човек в очите му, което означава какво чувства той относно величието на този човек. Няма значение дали той разбира, че е важен човек или другите около него казват, че е важен човек. Това вече му дава силата да му служи, без да има нужда от нещо в замяна.

Според горното трябва да разберем истинското намерение на този, който обслужва важния човек. Дали намерението му е да се наслаждава на службата, след като я смята за голяма привилегия? Или защото изпитва голямо удоволствие от нея? От кой източник идва удоволствието да служи на важния човек? Той не знае. Въпреки това той вижда нещо естествено - че тук има голямо наслаждение, затова той иска да му служи.

Това означава, дали намерението му е в това, че тъй като служи на важен човек, затова той иска важният човек да има наслаждение. Или иска да му служи, тъй като той самият чувства наслада. Тоест ако той можеше да получи наслаждението, което има от това, че му служи, от нещо друго, тогава той би се отказал от това служене. Защото цялата причина, поради която иска да му служи е в това, че чувства, че тук може да намери добро усещане, затова му служи.

Въпросът е в това, дали му служи, тъй като иска важния човек, да изпита добро усещане. А това, че чувства наслаждение от службата е само резултат Но намерението му не е насочено към себе си, а е насочено към това, важният човек да се чувства добре. Или той наистина не се съобразява с важния човек, а всичките му пресмятания са за това колко удоволствие може да получи от това?

И ако попитаме: „Има ли значение с какво намерение работи?" Отговорът е, че трябва да знаем какво означават съсъдите за отдаване.

Намираме три определения, които откриваме в действието по отдаване:

1) Той се занимава с действия по отдаване за доброто на ближния – независимо дали с тялото си или с парите си, като компенсация за това. С други думи, самото служене не е достатъчно, за да му достави удоволствие. Вместо това той иска да получи нещо друго в замяна на това. Например, той иска да получи почит в замяна на действието си по отдаване. За това има сили да работи. Но ако не беше уверен, че ще получи чест в замяна, той нямаше да направи това, което прави за доброто на ближния.

2) Той се занимава с отдаване на ближния и не желае да получава никаква компенсация за работата си, което означава друго нещо в замяна. По-скоро той се задоволява с извършването на действия по отдаване. В природата му е да се наслаждава, да прави добро на другите и това е цялото му удоволствие. Разбира се, това е по-голяма степен от първата, тъй като от тук виждаме, че той прави нещата с намерение да прави добро на другите. Трябва да го наречем „Отдаване заради отдаване".

Въпреки това, ако погледнем малко по-дълбоко и проучим истинското му намерение да дава на другите, дали той извършва всички тези действия, защото иска да се наслаждава, което означава любов към себе си, тъй като по природа той се наслаждава от действията по отдаване – или неговото намерение е да се радва на това, другите да имат нещо добро.

С други думи, радва ли се на това, че другите са в добро настроение и затова се опитва да прави добро на другите, за да са в добро настроение и да се наслаждават на живота си? И ако случайно види, че има друг човек и този човек успява повече от него да направи това, което иска да направи за хората от своя град, би ли се отказал от удоволствието си, да извършва действия на отдаване и би се опитал да накара другия да го извърши.

Тогава несъмнено, ако този човек, който участва в действия по отдаване, без да иска нищо за труда си – не може да направи отстъпката другият човек да направи тези неща за хората от неговия град, въпреки че знае, че другият човек е по-способен, ние все още не можем да наречем това „даване, заради отдаване", тъй като в крайна сметка любовта към себе си е неговият определящ фактор.

3) Той работи, за да не получи никаква награда. И дори да види, че има друг човек, който е по-способен, той се отказва от своето наслаждение да дава на другите и се грижи само за доброто на другия. Това се нарича „отдаване заради отдаване".

И така, трябва да се направи широка проверка относно истинското му намерение. Дали той иска приповдигнато настроение за себе си и затова му служи, или намерението му е да даде добро настроение на важния човек.

За да разберем горното разграничение, можем да поставим въпроса така, че човек си представя някого като много важен, затова иска да му угоди, за да бъде в добро настроение и затова иска да му служи. Но по време на службата, която извършва, самият той е в приповдигнато настроение и се чувства въодушевен. Сега той чувства, че всички удоволствия, които би изпитал в живота си, са нищо в сравнение с това, което изпитва сега, тъй като той служи на най-важния човек на света и няма думи да опише удовлетворението, което получава от желанието да направи така, че този важен човек да е в добро настроение.

Сега той може да се вгледа в себе си, какво е намерението му, когато иска да достави наслаждение на важния човек. Грижи ли се за собственото си добро, което означава, че иска да го наслади, защото това ще му даде добро настроение. Или намерението му е само да наслади важният човек, така че важният човек да има добро настроение и той има голямо желание да му служи само заради величието на този човек?

Затова, макар че по време на служенето човек изпитва голямо удоволствие, което получава по време на служенето, все пак, ако знае, че има някой, който би дал повече наслаждение на важния човек, ако му служи, той се отказва от собственото си удоволствие, което може да получи по време на служенето. От чисто сърце иска другият да му служи, тъй като ще има по-голямо наслаждение, отколкото ако той самият би му служил

Оттук следва, че ако човек се съгласи да се откаже от служенето си, въпреки че изпитва голяма наслада от него и все пак, за да бъде от полза за важната личност така че да има по-голямо наслаждение, той се отказва, защото не мисли за себе си, а само за доброто на важния човек.

Това се нарича, че той няма намерение за собствена изгода, а всичко е насочено за отдаване и той няма никаква равносметка със себе си... Тогава той има пълно изясняване, тоест не може да заблуди себе си и това се нарича „пълно отдаване".

Трябва обаче да знаем, че не е във възможностите на човек да постигне това със собствени сили. Но се казва за това (к'душин, 30), „Злото начало на човека го преодолява всеки ден и се стреми да го убие, както е казано: „Гледа грешникът праведния и се стреми да го убие."[57] И ако Твореца не му помагаше, той не би издържал, както е казано: „Твореца няма да го остави (праведника) в ръцете му (на грешника)"[58]."[59]

Това означава, че първо човек трябва да види дали има силата да стигне до това, да има възможност да извършва действия с намерение да достави наслаждение на Твореца. След това, когато вече е осъзнал, че няма възможност със собствени сили да го постигне, този човек фокусира своята Тора и заповедите (мицвот) върху една точка, която е, че „Светлината в нея го връща към източника"[60], че това ще бъде единствената награда, която той иска от Тора и заповедите (мицвот). С други думи, наградата за не-

---

57 Псалми, 37:32
58 Псалми, 37:33. Твореца няма да го остави (праведника) в ръцете му (на нечестивия) и няма (да даде) да го обвини в съда.
59 Трактат Кидушин, 30:2
60 Мидраш Раба, Ейха, Предговор, п. 2

говия труд ще бъде Твореца да му даде силата, наречена „сила на отдаване".

Тъй като има правило, че който полага някакво усилие, тоест отменя почивката си, защото иска нещо, тъй като знае, че без труд няма да му се даде, затова е принуден да прилага усилия. Затова човек, който се старае да спазва Тора и заповедите (мицвот), със сигурност има нещо, което не му достига и затова той се старае в Тора и заповедите (мицвот), за да получи това, което желае, чрез тях.

Съответно, човек трябва да обърне внимание и малко да обмисли какво иска, преди да започне работата си за Твореца. Каква е наградата, която иска за работата си. Или казано просто, каква е причината, която го задължава да се занимава с Тора и заповедите (мицвот)? След това, когато определи, тоест, да знае какво му липсва, за което трябва да прилага усилия, тогава човек се потапя в многобройни размишления, докато му стане трудно да разбере какво наистина иска.

Ето защо много хора, когато започнат да мислят с каква цел работят, тогава не могат да определят истинската цел. Затова те казват: „Защо трябва да се уморяваме с мисли за изследване?" И работят без никаква цел. Тези, които казват: „Ние работим за бъдещия свят." И какво е бъдещ свят? „Защо трябва да мислим за това? Само да вярваме, че е добро и това ни е достатъчно. Когато получим наградата на бъдещия свят, тогава ще разберем каква е тя. Защо трябва да се впускаме в изследвания?"

Само малцина казват, че има въпрос за двекут (прилепване) към Твореца и че за да постигне двекут с Твореца, той трябва да постигне подобие на формата, което означава „както Той е милосърден, ти също бъди милосърден"[61]. И тогава той започва да се опитва да постигне подобие на формата, състояща се в това, всичките му действия да бъдат за отдаване – защото само тогава съкращението и скриването, които съществуват в света, се премахват от него и той започва да чувства кдуша (святостта).

Но когато започне в работата си да достига степента на отдаване, той вижда, че е много далеч от нея, че няма желание за мисъл, дума или действие, да има способността да изгражда намерение за отдаване. И тогава той не знае какво да направи, за да получи силата на отдаване. И всеки път, когато добавя усилия, той вижда, че цялата тази работа е далеч от него. Докато не стигне до осъзнаването, че не е в човешките възможности някога да го достигне.

Тогава стига до осъзнаването, че само Твореца може да му помогне, както беше казано по-горе. И едва тогава разбира, че трябва да се занимава с Тора и заповедите (мицвот), за да получи награда. И наградата за неговия труд ще бъде Твореца да му даде силата на отдаване. Това е наградата, на която той се надява, тъй като иска да постигне сливане (двекут) с Твореца, което е подобие по формата, което е свойството отдаване.

И това е цялата награда, на която се надява – че чрез неговия труд в Тора и заповедите (мицвот) той се надява, че ще му дадат това, което не може да получи сам. Но му е нужно някой друг да му го даде. Това е подобно на материалните усилия: тъй като човек не

---

[61] Йерусалимски талмуд, трактат Пеа, 3:1

може да получи пари сам, той прилага усилия и за това му дават пари. По същия начин е в духовността, това което не може да получи със собствени сили, той се нуждае от някой, който да му го даде, така че това е, което наричаме „награда".

Затова, когато човек желае да постигне свойството отдаване, защото иска да постигне сливане (двекут) с Твореца, и не може да получи това качество, но има нужда Твореца да му го даде, то това, което иска да му дадат, се нарича „награда."

И тъй като има правило, че ако някой иска награда, той трябва да положи усилия и да работи, той спазва Тора и заповедите (мицвот), за да получи тази награда, която се нарича „сила на отдаване", което означава да излезеш от самолюбието и да получиш желание да имаш силата да се занимаваш само с любов към ближния.

Това е значението на: „Човек винаги трябва да се занимава с Тора и заповедите (мицвот) в ло лишма, тъй като от ло лишма човек стига до лишма, защото светлината в нея го връща към източника." Тоест както е казано по-горе, чрез усилията в Тора и заповедите (мицвот) за да стигане до лишма, той ще постигне степента на лишма, като първо е положил усилия. Ето защо той се удостоява със светлината в нея, която го връща към източника. И това се нарича, че свише са му дали силата на отдаване.

Но можем да попитаме: „Защо той първо трябва да положи усилия и след това да му дадат светлината на Тора? Защо веднага не му дават светлината на Тора, която веднага би го върнала към източника? И защо да се напряга и да влага енергия напразно, а също да губи време напразно? Би било по-добре, ако му дадат светлината още в началото на неговата работа. Това означава, че той веднага ще получи светлината и веднага ще започне работата си в Лишма."

Работата е там, „че няма светлина без кли (съсъд)", а „кли" означава желание. С други думи, когато човек има недостатък и се стреми да напълни този недостатък, това се нарича „кли". Само тогава, когато той има кли, което означава желание за някакво напълване - може да се каже, че му дават напълване и той е доволен от напълването, което му е дадено. Защото към това се е стремил. Наградата се нарича напълване, когато стремежа е за напълване. И още повече, големината на важността от напълването зависи от степента на стремежа. И според мярката на страданията, които е имал, в тази степен човек се наслаждава от напълването.

Поради това е невъзможно да се даде на човек светлина, която да го върне към източника, когато той няма никакво желание за това. Така е, защото връщането му към източника означава, че той губи силата на любовта към себе си и получава силата на любовта към ближния.

Ако човек няма желание да излезе от любовта към себе си и ако му кажат: „Извърши някаква работа и като награда няма да имаш желание за любов към себе си", той не смята това за награда. Напротив, човек смята, че в замяна на работата, която е положил за стопанина, вместо добро за усилията му, в замяна той му дава голямо зло. Дотолкова, че той би загубил цялото си самолюбие в един миг. Кой би се съгласил на това?

Затова човек първо трябва да учи в ло лишма, така че чрез нея ще има помощ от страна на тялото, тъй като човек е готов да се откаже от малкото удоволствие, за да получи голямо удоволствие. Но по природа човек не е способен да си представи удоволствие, освен ако не се основава на самолюбие.

Затова му казват, че благодарение на заниманията си с Тора и заповедите (мицвот), ще получи награда. Това не е лъжа, защото той със сигурност ще бъде възнаграден. С други думи, казват му, че за усилията си в Тора и заповедите (мицвот), той ще бъде възнаграден и това е истината. Тъй като той наистина ще бъде възнаграден, но наградата ще се промени.

Например баща казва на детето си: „Ако си добро момче, ще ти купя кола играчка, такава, с която малките деца си играят, пластмасова кола." След това бащата заминава в чужбина и се връща след няколко години. Синът вече е пораснал, идва при баща си и му казва: „Тате, преди да отидеш в чужбина, ти ми обеща пластмасова кола играчка. „Така баща му отива и му купува вместо това истинска кола, която може да пътува на големи разстояния. Синът вече е умен и разбира, че сега не е време за пластмасова кола, а за истинска кола. Счита ли се, че баща му го е измамил? Разбира се, че не! Синът вижда сега че когато е бил дете не е могъл да разбере друго, освен дребна награда.

Тук също той започва с нищожна награда, наречена ло лишма, което означава, че чака да бъде възнаграден с нещо, което е нищожно в сравнение с истинската награда, която ще получи – да се удостои с лишма, което е съсъдът (кли), в което човек може получи доброто и насладата, които Твореца желае да даде. Това са истинските удоволствия.

От това следва, че като му казват да работи в ло лишма, което означава да получи награда, това е истина. Тоест когато изгражда намерение за отдаване, той също ще получи награда. Но цялата лъжа е в същността на награда. Докато човек е в ло лишма, той мисли, че ще му дадат друга награда, че съсъдът, който я получава, се нарича „себелюбие".

Но след това, когато човек порасне, той започва да разбира, че главните съсъди, които получават наградата, са съсъдите на отдаването, че именно чрез тези съсъди получава истинското добро и наслаждение. Тогава той се чувства най-щастливият човек на света. Но наградата, която е очаквал да получи, докато е бил в ло лишма, и тогава е бил способен да получи само награда, подходяща за малко дете.

От тук излиза, че когато го обучават в ло лишма да получава наслаждение и награда за работата си, това не се нарича лъжа, тъй като той не е загубил нищо от това, че заменят малкото му възнаграждение с по-голяма награда. Трябва да обясним, че ло лишма, което означава тази награда, не е истинското име, както той мисли. Вместо това наградата има различно име от това, което той е мислил. Но наградата си остава награда и наградата не се променя; само името на наградата се сменя - от „лъжлива и въображаема награда" на „истинска награда".

От всичко казано по-горе следва, че **основното нещо, което човек трябва да получи в замяна на своите усилия в Тора и заповедите (мицвот), е Тво-**

реца да му даде съсъдите (келим) за отдаване, които човек не може да получи сам, защото са обратни на природата му. Това е дар свише. И това е неговата награда, та той винаги е очаквал, „кога ще мога да доставям наслаждение на Твореца". И тъй като е очаквал това възнаграждение, затова се нарича „неговата награда".

За да разберем горното, трябва да погледнем в „Общ предговор в книгата Паним масбирот" (точка 3), където е написано, „Коренът на тъмнината е екранът в кли на Малхут, а коренът на наградата е заложен в Отразената светлина, която излиза чрез зивуг де (х)акаа."

Там той определя корена на това, което виждаме в този свят – че всичко, което виждаме в този свят, е клон, който се простира от корените, от горните светове. Той казва там: „Коренът на усилието, което човек чувства в този свят се простира от корена на екрана в кли на Малхут.[62]"

Това означава, че кли, което създанията имат, се нарича „желание за получаване на наслаждение", което Твореца е създал поради желанието Си да наслади своите създания. Следователно Той е създал в създанията желание за получаване на наслада. И това се нарича Малхут във висшите сфирот.

След това учим, че се е извършил Цимцум (съкращение). Това означава, че човек не иска да бъде получаващ, защото иска подобие по форма с Твореца. Затова в святостта е възникнало правило, че нищо не получаваме, без да сме изградили намерение за отдаване.

---
62 См. Бааль Сулам, Птиха колелет, п. 3

Това се нарича поправяне на екрана. Тъй като говорим за висши светлини, затова нежеланието да получаваме светлина се нарича екран, „масах". Подобно на човек, когато слънчевата светлина свети твърде силно в къщата, той не иска да получи слънчевата светлина, тогава поставя завеса или екран, така че слънцето да не свети в къщата.

Затова, когато говорим за висши светлини и когато Малхут, независимо че е имала голямо желание и стремеж да получи светлината на наслаждението, тя все пак се отказала от наслаждението, да не го получи, защото иска подобие на формата. Това се нарича „усилие", което означава да правиш нещо, което не е нейно желание – да си попречи да получи наслаждението.

И в материалния свят, когато човек трябва да се откаже от някакво удоволствие, това се нарича „усилие". Например, ако човек се наслаждава от почивката и по някаква причина и необходимост се отказва от почивката си и отива да направи нещо, това се нарича „усилие".

Той също ни показва как, когато материалният клон получава награда, къде се корени това във висшите светове. Той ни показва, че коренът на наградата произхожда от Отразената светлина, че е желание за отдаване, което произтича от Зивуг де (х)акаа, който се е извършил между висшата светлина и екрана, и авиут (грубостта) (виж Учението на десетте сфирот, Част 4, т. 8). Той пише: „обличащата отразена светлина излиза като пораждане на две сили. „В духовността Зивуг де (х)акаа се извършва когато две неща са противоположни едно на друго и това се счита за (х)акаа (удряне). Това означава, че от една страна, човек много иска това нещо, защото вижда, че ще му достави огромно наслаждение, но от друга страна, той преодолява и не го получава, защото иска подобие на формата. Тоест тук има две желания:

1) когато се стреми да получи удоволствие

2) от друга страна се стреми към подобие на формата.

И от тези двете се ражда ново нещо, наречено „обличаща отразена светлина". С тази сила той може по-късно да получи висшето изобилие, защото тази Отразена светлина е подходящия съсъд за получаване на изобилието.

С други думи, благодарение на този съсъд той има две неща:

1) Той получава наслаждението, което се намира във висшето изобилие, което идва от замисъла на творението, да прави добро на Неговите творения.

2) В същото време той се намира в подобие на формата, което е второто свойство, което има при получаването на изобилието.

От всичко по-горе виждаме, че цялата награда е само Отразената светлина и тя е силата на отдаване, която нисшият получава от висшия, която той нарича „Отразена светлина", което означава - това което нисшия дава на висшия. Това означава, че изобилието, което идва от Твореца, се нарича „Пряка светлина", както е написано „Твореца е създал човека пряк (яшар)[63]". Както научаваме, Замисълът на творението е <u>бил да прави добро</u> на Неговите творения, което озна-

---
63 Коелет, 7:29

чава, че по-нисшите ще получават изобилие и това се нарича „пряк".

Но получаващите изобилието желаят подобие на формата. Следователно имаме поправяне, наречено „Отразена светлина". Това означава, че получателят на изобилието го получава не защото иска да се наслади, а защото иска да даде на висшия. С други думи, както висшият желае получаващия да се наслади, така и намерението на получаващият изобилието е да върне наслаждението на даващия, което означава висшият да се наслади от изпълнението на Неговия замисъл. Съгласно това излиза, че главната награда е Отразената светлина, което означава силата на отдаване, която нисшият получава от висшия.

Но все пак трябва да разберем защо казваме, че съсъда, който се нарича „сила на отдаване", е цялата награда. Защото „награда" предполага нещо, което получават. Както казваме: „Аз работя, за да получа възнаграждение". Както казваме, целта на творението е да прави добро на Неговите творения, което означава да получат награда. И тук казваме, че наградата се нарича „силата на отдаването". И какво разбираме? Че наградата трябва да бъде в това, човек да се удостои с постигане на божественото и тайните на Тора и т. н. Но какво казва той? Че наградата е в това, че постигаме силата на отдаване. Казва ни още, че това продължава от висшия корен, наречен „Отразена светлина".

Известно е правилото „кравата иска да кърми повече, отколкото телето иска да суче"[64]. От това след-

---

64 Трактат Псахим, 112:1

ва, че Твореца иска да даде на творенията повече, отколкото творенията желаят да получат. И така, кой възпрепятства? Трябва да помним, че съкращението (цимцум) се е извършило, за да могат творенията да имат подобие на формата. Това е поправянето, изпреварващо хляба на срама, който се простира от нашия корен. Защото свойството на Твореца е отдаване, а не получаване, (не дай бог), тъй като Той няма хисарон (недостатък), заставящ Го да получава. Затова, според правилото, което съществува в нашата природа, че всеки клон иска да се оприличи на своя корен, когато нисшият иска да извърши действие, което не присъства в корена се чувства неприятно.

От това следва, че за да получи висшето благо, което е светлина и наслаждение, човек не трябва да извършва никакво действие, както беше казано по-горе, тъй като повече от това, че творението иска да получи, Твореца иска да му даде. Но както беше казано по-горе, че творението няма съсъд, в който да може да се наслаждава от удоволствията, които ще му бъдат дадени, поради срама. От това следва, че цялата ни награда е това, което не ни достига и това е съсъда, който се нарича „сила на отдаване" и само келим (келим - множествено число на кли) не ни достигат, а не светлини. Затова от тук следва, че главната награда е силата на отдаването.

Но, за да постигнем този съсъд, наречен „желание за отдаване", също се нуждаем от желание, което означава да почувстваме, че ни липсва този съсъд. Ето защо първо трябва да се занимаваме с Тора и заповедите (мицвот) в Ло Лишма и това е нашето усилие – да видим, че всичко, което правим, е за лична изгода, без никакво намерение за отдаване.

И тогава виждаме, че ни липсва силата на отдаване. И искаме награда за нашата работа, Твореца да ни даде тази награда, което е желанието за отдаване. И когато имаме тази сила, ще можем да получим благото и насладата, което вече е готово и за което изобщо не е нужно да извършваме никаква работа, защото Твореца го дава. Но винаги, за да се издига човек от стъпало на стъпало, той трябва всеки път да придобива силата на отдаване и нищо друго не му липсва.

ЗА ВАЖНОСТТА НА ДРУГАРИТЕ
Статия 17, част 1, 1984

За важността на другарите, които се намират в групата, как да ги ценим. Тоест в каква степен на важност е необходимо всеки да гледа другаря си. Ето, разумът го задължава, ако той гледа другаря си, че той е на по-ниско стъпало от него, тогава той иска да го учи как да се държи съгласно качествата, които са по-добри от тези, които има. Излиза, че той не може да му бъде другар, а може да приеме другаря като ученик, но не като другар.

А ако той вижда другаря си на стъпало по-високо от него и вижда, че може да се учи от него на добри качества, тогава той може да му бъде учител, а не негов другар.

Тоест именно когато вижда другарят му да стои на едно стъпало с него, тогава може да го приеме като другар и да се съедини с него. Защото другар означава, че и двамата са в едно състояние. Така го задължава разума. Тоест и двамата имат подобие на мненията, тогава решават да се обединят, тогава и двамата се устремяват към целта, която и двамата искат да достигнат.

Това е подобно на двама другари с подобни мнения, които започват някакъв бизнес и този бизнес ще им донесе доход. Тогава редът е, че и двамата чувстват, че имат равни сили. Тоест ако единият от тях чувства, че има по-големи способности от другия, тогава той не иска да го приеме да бъдат равностойни партньори, а да станат бизнес партньори според процентите, тоест според силите и качествата, които единият има по отношение на другия. Тогава бизнесът ще бъде една трета или една четвърт. Тогава не може да се каже, че двамата са равни в бизнеса.

В същото време, в любовта към другарите, когато другарите се обединяват, за да достигнат единство, именно тогава двамата са равни. Това се нарича „единство". Например, ако те започват общ бизнес и казват, че няма да разделят печалбата по равно, това нарича ли се „единство"?

И разбира се, цялата работа с любовта към другарите трябва да бъде такава, че цялата печалба която постъпва от любовта към другарите, те трябва да владеят по равно. И не трябва да отнемат или да скриват нито от единия, нито от другия, и нито втория от първия, защото всичко ще бъде с любов и дружба, истина и мир.

В книгата Даряването на Тора е написано: „Действително, две условия действат в достигането на духовността":

1. Винаги да слуша и приема оценката на обкръжението в степента на неговото значение.

2. Обкръжението да бъде голямо, както е написано: „В многочислеността на народа е величието на царя"[65].

И за да приеме първото условие, всеки ученик е задължен да се почувства най-малък от всички другари. Тогава може да приеме оценката на величие от всички. Защото големият не може да приеме от по-малкия от него и още повече, да се впечатли от думите му. И само малкия се впечатлява от оценката на големия.

---

65 Баал Сулам, Статия по завършването на книгата Зоар.

И съответно второто условие задължава всеки ученик да издига значението на всеки от другарите, като че ли е велик в поколението. Тогава обкръжението ще му влияе, както ако обкръжението беше голямо, както подобава, „защото качеството е по-важно от количеството".

И от казаното по-горе следва, че по въпроса за любовта към другарите, „човек да помогне на ближния си"[66], което означава че е достатъчно всеки един да подкрепи другаря си така, като че ли той е на едно стъпало с него. Но тъй като всеки трябва да учи от другаря си, тогава стои въпроса за учителя и ученика. Затова той трябва да слуша другаря си, че той е по-голям от него.

Но как е възможно да се отнесе към другаря си така, че който е по-голям от него, а в същото време вижда, че той притежава по-добри качества от другаря си, тоест, той е по-талантлив и по природата си има по-добри добродетели. И това може да бъде разбрано по два начина.

1. Той действа в свойството над знанието, тоест, когато го е избрал за другар той вече за него е над знанието.

2. А по-естествено е именно в знанието. Тоест че ако той е решил да го приеме за другар и работи със себе си да го обикне, то за любовта е свойствено, че вижда само добри неща, а лошите неща, независимо че ги има у другаря му, той не ги вижда. Както е написано: „Всички престъпления ще бъдат покрити от любовта"[67].

---

66 Йешая, 41:6
67 Притчи, 10:12

И виждаме това когато човек може да види недостатъците на съседските деца. А у своите деца не ги вижда. Когато говорят за недостатъците на синовете му, той се противопоставя и започва да изброява достойнствата на своите синове.

И възниква въпросът - в какво е истината? Че неговите синове имат достойнства, затова се сърди, когато говорят така за неговите синове. И смисълът е в това, както съм чул от моя баща и учител, че наистина във всеки човек има достойнства и недостатъци. И всеки, и съседа, и бащата на децата са прави - казват истината. Но съседът, който няма отношение към неговите синове като баща към син, тоест, че не изпитва любовта, която бащата изпитва, когато гледа синовете на другия, вижда само недостатъците на тези синове, защото от това изпитва по-голямо наслаждение. Защото той може да покаже, че е на по-високо ниво от другия с това, че синовете му са по-добри, затова гледа само недостатъците на другия. И това е истината, която вижда. Но какво вижда? Само неща, от които се наслаждава.

Но баща им също вижда само истината, но той гледа само добрите неща в синовете си, а не вижда лошите неща в синовете си, тъй като не се наслаждава от това. Затова той казва истината за това, което вижда в синовете си, защото той вижда само нещата, от които може да получи наслаждение. В такъв случай той вижда само достойнствата.

Затова излиза, че ако има любов към другарите си, а по отношение на любовта действа закон - че искат да видят именно достойнствата на другарите, а не недостатъците. Затова излиза, че ако той вижда някакъв недостатък у другаря си, това е признак, че недостатъка не е в другаря му, а недостатъка е в него. Тоест че той е нанесъл ущърб на другарската любов. Затова той вижда недостатъците в другарите си.

Затова сега той трябва да види, че не другарят му трябва да се поправи, а той самият се нуждае от поправяне. От казаното следва, не че той трябва да види, че другарят му се нуждае от поправяне на недостатъците, които вижда в другаря си, а той самият трябва да поправи това, че е засегнал другарската любов. И когато се поправи, тогава ще види достойнствата на другарите, а не недостатъците им.

РЕДЪТ ЗА СЪБИРАНЕ НА ГРУПАТА
Статия 17, част 2, 1984

В началото, когато се събират, трябва да има дневен ред.[68] Тоест всеки, доколкото е способен, да говори за важността на групата. Тоест каква изгода ще му донесе групата. И според това доколко се надява, че групата ще му донесе важни неща, такива които той сам не може да постигне, в съответствие с това той цени групата.

И това е както са казали мъдреците (Брахот 32): „Рав Симлай е казал: Винаги човек трябва да възхвалява Твореца и след това да се моли. Откъде го знаем? От Моше. Защото е казано: „И се молих на Твореца по това време. И е казано: „Творецо Всесилни! Ти започна..." А след това е казано: „Дай ми да премина и да видя тази хубава земя"!"

И причината е че първо трябва да възхвалим Твореца в това, което е прието в света. Когато някой моли нещо съществуват две условия:

1. Да има това, за което го моля. Например богатство или възможности и той е известен със своите богатство и величие.

2. Да има добро сърце, тоест, да има желание да отдава на другите.

От такъв човек може да се помоли услуга. Затова е казано: „Винаги човек трябва да възхвалява Твореца, а след това да се моли. Това означава, че след като човек е повярвал във величието на Твореца, че Той има най-различни наслаждения, които да даде на творе-

---
68 Букв. „дневен ред"

нията и Неговото желание е да твори добро, тогава може да се каже, че той моли Твореца и разбира се, Той ще му помогне, защото желанието Му е да твори добро. Затова Твореца е в състояние да му даде това, което желае сърцето му. Тогава молитвата му може да бъде (издигната) с увереност, че Твореца ще я приеме.

Същото се отнася за любовта към другарите. Първо, когато се събират трябва да възхвалят другарите, (да издигнат) важността на всеки един от другарите. В степента, в която той оценява величието на групата, той може да я уважава. След това ще се моли. Тоест всеки трябва да провери себе си доколко дава сили на групата. Тогава когато виждат, че нямат сили да направят каквото и да е за доброто на групата, тогава има място за молитва Твореца да му помогне, да му даде сила и желание да се занимава с любов към ближния.

След това всеки трябва да постъпва така, както в трите последни (благословения) в молитвата Шмона есре - "Осемнадесет благословения". Тоест след като той е предал всичко, което моли от Твореца, написано е в книгата Зоар, че трите последни (благословения) в молитвата Шмона есре да бъдат за него подобно на това, като че ли Твореца вече му е дал това, което моли и си е тръгнал от Него.

Така трябва да се държи и в любовта към другарите. След като се е проверил и е изпълнил известния съвет, че се е помолил, сега нека да мисли, като че ли молитвата му е била приета и ще седят в радост с другарите, като че ли всички са едно тяло. И както тялото иска всичките му органи да се наслаждават, така и той иска всичките му другари да се наслаждават сега.

Затова, след всички равносметки идва време за радостта от любовта към другарите. И тогава всеки трябва да се почувства щастлив, като че ли сега е сключил добра сделка и благодарение на тази сделка ще спечели много пари. И в света е прието в такъв случай да пийнат с другарите.

Също и тук всеки трябва (да се погрижи) другарят му да пийне и да хапне (кекс) и подобни. Защото сега той е щастлив и иска другарите му също да се почувстват добре. Затова когато напускат събирането, трябва да бъдат с усещането за радост и приповдигнато настроение.

Така, както има „време за Тора" и „време за молитва". Защото „времето за Тора" е състояние на съвършенство и в него няма никакъв недостатък. И това се нарича „дясна линия". Както е написано „От дясната му ръка е пламъкът на закона".[69] Докато „времето за молитва" се нарича „лява линия". Защото мястото на недостатък е място, което има нужда от поправяне. И това се нарича „поправяне на келим". Докато в състоянието „Тора", наречено „дясна линия" няма място за поправяне. Затова Тора се нарича „подарък".

И е прието да се дават подаръци на този, когото обичаш. И в света е прието, че не обичат този, който има недостатъци. Затова във „времето за Тора" няма място да се мисли за поправяне. Когато си тръгват от събранието трябва да бъде както в трите последни (благословения) на молитвата Шмона есре, както беше казано. Благодарение на това всички ще почувстват съвършенство.

---

[69] Дварим, 33:2

И ТОВА ЩЕ СЕ СЛУЧИ КОГАТО ДОЙДЕШ НА ЗЕМЯТА, КОЯТО ТВОРЕЦА, ВСЕСИЛЕН ТВОЙ ТИ ДАВА
Статия 18, 1984

И така, коментаторите попитали за стиха, който казва: И това ще стане: „Когато влезеш в земята, която Твореца твой ти дава в наследство и я завладееш, и се заселиш в нея."[70] И те попитали защо се набляга на: „Която Твореца Всесилен твой ти дава в наследство"? Все пак народът на Исраел я завладява по време на война. И обяснили, че човек дълбоко в душата си трябва да знае, че не благодарение на силата и смелостта си е превзел тази земя, а че тя е дар от Твореца. И казали: „Което Твореца Всесилен твой ти дава в наследство", а не „Силата моя и мощта на моята ръка".[71]

И за да се разбере казаното по-горе относно работата, трябва да знаем, че „земя", „ерец" се нарича желанието „рацон", т. е. желанието, което се съдържа в сърцето на човека, се нарича „земя". И на тази земя, наречена „сърцето" на човека има, тоест, там живеят „народите на света" и „народът на Исраел" също живее там. Трябва обаче да знаем, че те не могат да живеят там заедно. Народът на Исраел и народите на света не могат да управляват заедно – там или властват народите на света, или е властта на Исраел.

И всъщност трябва да се разбере каква е истинската причина, че едните и другите не могат да бъдат на едно и също място. И въпросът е, че е известно, че сът-

---

[70] Дварим, 26:1
[71] Дварим, 8:17

ворението на света е станало, тъй като Неговото желание е било да наслади Своите творения. И поради тази причина Той е създал желанието за получаване на удоволствие и наслаждение, тоест създал е свойството хисарон в творението, така че винаги да се стремят към наслаждение. Защото виждаме, че в степента на своя стремеж, точно в тази степен, творението изпитва удоволствие. И това е кли, което е създадено от Твореца. И това е първото свойство, което разграничаваме в творенията. И ако творенията нямат това желание, те все още не се считат за творения. Оказва се, че не може да се говори за никакво свойство ако няма желание за получаване. И това е цялото творение, за което говорим, което е кли за получаване на удоволствие.

Но поради срама, наречен на езика на нашите мъдреци „хлябът на срама", е настъпило съкращение (цимцум). Тоест, за да не получават заради получаване, а да (получават) само ако могат да насочат намерението си за отдаване, което се нарича свойство на „подобие по форма". Тоест, ако може да получи удоволствие с намерението да достави наслаждение на Твореца, тогава той получава, в противен случай не иска да получава. И това се нарича свойството „Исраел", тоест „направо към Твореца" - „Яшар-Ел", тоест всичко за което мисли и всичко, което идва е от Твореца, а самият той не се взема предвид, защото той изобщо не мисли за себе си и всичките му мисли са за Твореца.

И това се нарича „земята на Исраел". Тоест има желание право към Твореца, тоест той няма желанията на егоистичната любов, а само (желания) за любовта към ближния. Що се отнася до самия него, тоест да се радва на живота, той няма такива стремежи. И всичките му стремежи са насочени към това да има средствата да даде на Твореца. И всичко, с което храни тялото си, е предназначено само да има сили да работи „в името на отдаването".

Това е като човек, който има кон и му дава да яде и да пие. Тоест цялата храна, вода, подслон, които той дава на коня, не са причинени от това, че изпитва любов към него, а тъй като той трябва да работи с него. Следователно всичко, което той мисли, за да угоди на коня, не е причинено от любов, а просто иска да използва коня за своя полза и изобщо не мисли за доброто на коня, и това се нарича „земята на Исраел." Тоест, всичките му мисли са посветени само на „земята" - желанието всичко да бъде право към Твореца „Яшар-Ел".

По друг начин е със земята на другите народи. Тук „земя" е желанието на егоистичната любов, която се нарича „народите на земята". Тоест всичките им желания са насочени само към желанието на „народа", което не означава желанието на Твореца, а желанието на „народа", което означава желанието на създанията, наречени „народ". Като има предвид, че Твореца е този, който е създал този народ, и още: „И всичките народи на земята ще видят, че името на Твореца се призовава към вас, и ще се страхуват от вас."[72] И също така е написано: „И Авраам стана и се поклони ниско на хората от земята, синовете на Хет."[73] Тоест те не зна-

---
72 Дварим, 28:10
73 Берешит, 23:7

ят и не чувстват нищо, освен свойството „народ", което е свойство на егоистичната любов и това се нарича свойство на създанията.

В същото време „народът на Исраел" желае премахването на своята същност и своята идентичност, която е желанието да получава, създадено като съществуващо от нищото. И затова в кидуш, „освещаването" на празниците, казваме: „Който ни избра от всички народи".

И тези две власти не могат да съществуват заедно: или желанието за отдаване властва, или желанието за получаване властва. Но двете не могат да съществуват заедно, тъй като всяко от тях противоречи на другото и двете противоположности не могат да съществуват в един обект.

И следствие от това е войната със злото начало. Тоест човек трябва да се бори със себе си, за да смири сърцето си, в което се намира обличането на тези желания и да изгони властта на желанието за получаване, и да даде цялата власт на желанието за отдаване на Твореца.

Когато човек започне да извършва свята работа, тоест да насочи цялата си работа така, че да е заради небесата, тогава започват войни между тези две желания. И благодарение на големи усилия, човек получава предимство и печели тази война. И тогава силата на желанието да даде на Твореца влиза в сърцето му. И тогава човек може да каже: „Силата ми и мощта на моята ръка ми донесоха цялото това богатство." [74] И само благодарение на работата си той е завоювал сърцето,

---
74 Дварим, 26:1

което сега се нарича земя на Исраел, защото неговото желание е направо към Твореца "Яшар-Ел".

И стихът ни казва за това: "Когато дойдеш на земята, която Твореца твой Всемогъщ, ти дава."[75] Тоест не, че си я завоювал със собствени сили, а "Твореца, Всесилен твой ти дава". Тоест след като човек е положил необходимите усилия да спечели сърцето, защото чрез войните, които е водил през цялото време с "народите по света" и в които е победил, той е завладял сърцето, което сега се нарича "земя на Исраел", а не "земя на народите". Във всеки случай трябва да вярва, че не той е завоювал тази земя, а "Твореца Всесилен твой ти дава", а не "силата моя и мощта на ръката ми осигури цялото това богатство.[76]

И оттук трябва да разберем кое е неясното в това: все пак Твореца е обещал на Авраам, както е писано: "И Той му казал: Аз съм Твореца, който те изведе от Ур-Касдим, за да ти дам тази земя като владение."[77]

В такъв случай, защо Той първо е дал тази земя на народите на света, така че по-късно Исраел да дойде и да трябва да воюва с тях, и да ги изгони от земята им, така че целият свят да има претенции: защо заграбваш земя, която никога не е била твоя? И само заради завоеванието, което направихте с военни средства, казвате че тази земя е ваша.

И всеки разбира, че без съмнение би било по-добре, ако Той не беше дал тази земя на народите на света. Защото тогава не е имало недостиг на места за

---

75 Дварим, 8:17
76 Дварим, 28:10
77 Берешит, 15:7

живеене на народите на света. В крайна сметка след това са възникнали други нови страни и Твореца е могъл да се погрижи те да не се заселят на това място.

Но не се е случило така, а първо са се заселили тук седем народа, както и други царе и хората на Исраел е трябвало да воюват с тях и да ги изгонят, и всички народи на света е трябвало да бъдат възмутени от народа на Исраел: „Вие сте разбойници, защото сте завладели земята на седем народа. И защо са всички тези трудности, както Раши цитира обяснението на мъдреците: „Защо (Тора) започва с думата: „В началото (той създаде) „Берешит""? Защото „Той показа силата на Своите дела на народа Си, за да им даде владенията на племената".[78] Защото, ако народите на света кажат на Исраел: „Вие сте разбойници, които сте завзели земите на седем народа", тогава те ще им кажат: „Цялата земя принадлежи на Твореца. Той я създаде и я даде на когото Му е угодно. По Своята воля Той им я даде, по Своята воля Той им я отне и я даде на нас."[79]

И от тук не става ясно защо е нужен целият този ред, който е бил, тоест, че преди да ни я даде, първо я е дал на народите на света и едва след като те са се заселили ни е казал: „Отидете и ги изгонете от тази земя, защото Аз я обещах на Авраам."

И всичко казано по-горе може да се обясни чрез клона и корена. В крайна сметка е известно, че земята се нарича Малхут, което е коренът на творението, което се нарича „получаване заради получаване" и това е

---

[78] Псалми 111:6
[79] Берешит 1:1. Комуник. Раши.

коренът, тоест, първият приемник, наречен „светът на Безкрайността". И тогава са се извършили поправянията, тоест (решението) да получава, не въз основа на получаването заради себе си, а защото нисшият иска да дава на Твореца. Тоест иска желанието да получава за себе си да бъде отменено, тоест да не го използва и цялата му работа да бъде само да доставя удоволствие на Твореца.

И от горното се оказва, че редът на създаване на материалния свят трябва да съответства на реда, който е бил в духовния, тоест, че първо Той е дал тази земя на народите на света, а след това чрез победа и войни, (необходимо е) да се изгонят народите на света от тази земя, за да я завоюва народът на Исраел и да завладее мястото на народите на света.

Защото коренът на народите на света е средната точка, в която се е извършило съкращаването. Тоест, тъй като първото свойство, което се е появило в света, е трябвало да започне със свойството получаване заради получаване, защото в противен случай не може да се каже, че той се е съкратил да не получава, тъй като за преодоляване може да се говори в място, където има желание и стремеж да получава, когато преодолява своя стремеж и желае подобие на формата.

Затова народите на света е трябвало първо да получат тази земя като корен, тъй като желанието за получаване е излязло първо, защото това е същността на творението. И тогава можем да кажем, че там трябва да се извършат поправяния. Затова, след като народите на света са получили тази земя, народът на Исраел е дошъл и е поправил тази земя, така че всичко да бъде в името на Твореца. И това се нарича „земята на Исраел", както се казва: „Земята, която Твореца Всесилен твой, постоянно изисква, върху която очите на Твореца Всесилен ваш, остават от началото на годината до края на годината."[80].

И трябва да се разбере какво се казва, че „земята на Исраел" се нарича: „Земята ... върху която очите на Твореца Всесилен ваш остават от началото на годината до края на годината."[81] - което означава, че управлението на Твореца е върху него, тоест точно на „земята на Исраел". Не е ли управлението на Твореца над целия свят? Както е казал поетът: „Очите на Твореца се реят над всичко"[82]. И как можем да кажем, че само в земята на Исраел пребивава управлението на Твореца?

И трябва да се обясни, че „земята на Исраел" означава „земята", която вече е излязла от контрола на народите на света и вече е влязла във владение на „Исраел". Това е, което този стих иска да ни каже и да ни даде знак, да знаем дали те са в „земята на Исраел" или все още са в „земята на народите".

И признак за това е както е казано: „Земята, която Твореца, Всемогъщ твой постоянно изисква."[83] Този стих ни казва какво представлява „земята на Исраел". И тогава казва, че трябва да знаем, че Твореца я изисква постоянно. И какво е Неговото изискване? Писанието продължава, като казва: „Очите на Твореца, Всесилният ваш, са върху нея от началото на годината

80 Дварим, 11:12
81 Дварим, 11:12
82 Захария, 4:10
83 Шмот, 13:9

до края на годината."⁸⁴, тъй като управлението на Твореца се нарича „очите на Твореца". Следователно, ако човек вижда управлението на Твореца от началото на времето, което се нарича „от началото на годината" и до „края на годината", което означава, че той вижда управлението на Твореца непрекъснато, това се нарича „земя на Исраел".

В същото време „земя на народите" се нарича когато само Твореца знае, че управлява целия свят. Но народите на света не го виждат. Затова Той ни даде знак, така че (да можем) да знаем дали сме в „земята на Исраел" или дали земята, в която живеем, все още е „земя на народите на света".

Според това излиза, че народите на света първо трябва да влязат в тази земя, което е намек за желанието за получаване, което първо трябва да се роди на това място. А след това започват да воюват с желанието за получаване и да го подчинят на властта на святостта, тоест всичко, което прави, ще бъде в съответствие с това, което Твореца изисква.

И ето, както коментаторите са обяснили думите: „И ще бъде, когато дойдеш на земята, която Твореца, твоят Всемогъщ ти дава", има се предвид, че човек не трябва да говори след всичките войни със злото начало, което е трябвало да преодолява непрекъснато всеки ден, нека да не мисли, че със собствени сили е стигнал до това, до което е стигнал и че Твореца му е дал победа в тази война. И това е значението на думите: „Която ти дава." И в „която ти дава" трябва да се разграничат два аспекта.

---

84 Трактат Менахот, 37:2

Това е свойство на заповедта, тоест свойство на вярата и се нарича „ръчен тфилин". И мъдреците са обяснили за ръчния тфилин: „И това ще бъде знак за теб."[85] - и не е знак за другите"[86]. Затова ръчният тфилин трябва да бъде покрит, има се предвид, че свойството на вярата се нарича „бъди скромен пред Твореца Всесилен твой"[87], което е свойството „вяра над знанието".

Това е свойство Тора, тоест свойство „тфилин на главата". И нашите мъдреци са обяснили за тфилина на главата: „И всички народи на земята ще видят, че името на Твореца се призовава към теб, и ще се страхуват от теб."[88] Това е тфилина на главата. Тоест това, което е написано там: „И всички народи на земята ще видят" означава, че тфилин на главата трябва да бъде открит за всички и това е свойство на „Тора", защото се нарича Тора, именно защото е открит.

Докато ръчният тфилин трябва да бъде покрит, което означава „над знанието". Оказва се, че няма думи, които да кажем на другия, защото всичко, което човек може да каже на другия, е само чрез знанието. Следователно в това, което е над знанието няма думи. Затова са казали: „Това е знак за теб, не за другите". Следователно се оказва, че в този дар, когато Твореца е дал на народа на Исраел тази земя, това (е било направено), за да се извличат плодове от нея. И както изяснихме по-горе, когато говорят за работа, означава „земя", има се предвид сърце. И Твореца е дал две свойства в сърцето:

85 Шмот, 13:9.
86 Трактат Менахот, 37:2
87 Михей, 6:8
88 Дварим, 28:10

1. свойството вяра;
2. свойството Тора.

Благодарение на двете човек ще стигне до съвършенство. И въпреки че и двете са реализирани от мен, все пак трябва да се знае, че и двете идват от Твореца и човек не може да каже: „Силата моя и мощта на моята ръка ми донесоха цялото това богатство".

И оттук ще разберем въпроса, зададен от коментаторите: защо е написано за първите плодове: „И ще възгласиш и ще кажеш - високо"[89]? Докато при четене на „декларацията за разделянето на десятъка" е написано: „И ще кажеш", а не е казано: „И ще възгласиш", както се казва за първите плодове. Затова декларацията за десятъка се произнася тихо.

Защото десятъкът от ма'асер се нарича свойството заповед, която е висшата Малхут. И във връзка с това е прието да „бъде скромен", както беше посочено по-горе, тъй като това е свойство на ръчния тфилин, както са обяснили нашите мъдреци: „Това е знак на теб, не за другите". Затова, за десятъка, който съответства на заповедта, е написано само: „И ще кажеш", тоест тихо, така че да не се чува отвън, тъй като това е свойството на да „бъде скромен".

В същото време първите плодове посочват тфилина на главата, който е свойство Тора, както е посочено по-горе, и там е написано: „И всички народи на земята ще видят, че се призовава името на Твореца и те ще се страхуват от теб[90]. Затова за първите плодове е казано: „И ще възгласиш и ще кажеш". Тоест, трябва да се про-

---
89 Дварим 26:5. Комуник. Раши
90 Михей, 6:8

изнася високо, което е свойството Тора, която трябва да бъде открита за всички, което означава, че свойството „да правиш добро на Своите творения" трябва да бъде отворено за целия свят.

ДНЕС ВСИЧКИ ВИЕ ЗАСТАВАТЕ
Статия 19, 1984

Коментаторите питат за написаното: „Вие всички стоите днес, главите ви, коленете ви, старейшините ваши, охраняващите ви и всеки човек от Исраел".[91] Защо започва с множествено число „вие" и завършва с единствено „всеки човек от Исраел". Авторът на книгата „Маор ва-шемеш" обяснява, че това, че се говори в множествено число и в единствено число, намеква за любовта към другарите. Благодарение на това, че сред тях са „главите ви, коленете ви и т. н." и от всяко място никой не вижда себе си по-висок от който и да е човек от Исраел, а всички са равни в това, че никой няма претенции към другите. Затова свише също постъпват така, по принципа мяра за мяра. Затова надолу се предава цялото добро.

И ето, съгласно нашият път, като изучаваме всичко на една тема, се получава по следния начин. Човек трябва да приеме небесната Малхут „като бик под ярем и магаре под товар"[92], които са свойството моха (разум) и либа (сърце). Тоест цялата работа на човека трябва да бъде за отдаване.

Съгласно това излиза, че ако човек работи за отдаване и не иска никаква компенсация, а желае само да извършва свята работа и не се надява да му дадат някакво допълнение към това, което има. Тоест не желае дори някакво допълнение към работата. Тоест в това, че получава някакво знание, че върви по правилния

---
91 Дварим, 29:9
92 Трактат Авода Зара, 5:2

път, че разбира се това е правилно искане, все пак, от това също се отказва, тъй като иска да върви със затворени очи и да вярва в Твореца. И прави това, което е във възможностите му и е радостен от участта си.

Дори да чувства, че има хора, които имат някакво разбиране в работата за Твореца а той вижда, че е опустошен от всичко. Тоест много пъти когато той също чувства вкус в работата, а понякога чувства, че е в категорията „главите им". Това означава, че понякога мисли че сега е стигнал до стъпало и че е невъзможно да може да слезе до състояние на низост. Което означава такова състояние, в което ако не иска да се занимава с работата за Твореца, трябва да извърши голямо усилие да застави тялото си. И тогава, това което прави, се случва по принуда, защото той няма никакво желание да работи, а тялото иска само покой и нищо не го интересува.

И тогава той чувства, че вече е стигнал до ясното осъзнаване, че няма нищо друго в света, освен да работи за отдаване. И тогава, разбира се че има вкус в работата. И когато гледа предишните си състояния, не може да (ги) разбере сега, когато е в състояние на подем. Затова съгласно всички преценки той решава, че сега вече няма никаква възможност някога да има падение.

Но понякога, след ден или след час, или след няколко минути той изпада в състояние на низост. Дотолкова, че не чувства на мястото, че е паднал от състоянието на подем в „дълбочината на велика бездна". А понякога, след час или два часа, изведнъж вижда, че е паднал от върха. Тоест от това, че дотогава е бил сигурен, че е герой сред героите, но той е като всеки човек от Исраел, тоест, като обикновения народ. И тогава започва да измисля съвети в сърцето си: „Какво да правя сега, как мога отново да се издигна до състоянието на гадлут (голямо състояние), което имах?"

Тогава човек трябва да върви по пътя на истината, тоест, да каже, че това, че сега се намирам най-ниско, означава, че свише нарочно ме отхвърлиха, така че да разбера дали наистина искам да извършвам святата работа за отдаване, или искам да бъда работник на Твореца, тъй като това ми дава повече от всичко останало.

И тогава, ако човек може да каже: „Сега искам да работя за отдаване и не искам да извършвам свята работа, за да получа някакво удовлетворение от работата. Защото ми е достатъчно едно - да извършвам святата работа като всеки човек от Исраел, който отива да се моли или да учи някакъв урок от дневния лист (Талмуд) и няма време да мисли с какво намерение учи или се моли, а просто изпълнява някакво просто действие, без никакво специално намерение. Тогава той отново влиза в святата работа, защото иска сега просто да бъде работник на Твореца, без никакви предварителни условия.

Затова е написано: „вие всички стоите днес". Тоест всички частни състояния, които преминавате, всички състояния, които сте имали - състояния на гадлут или състояния по-малки от гадлут, които са се считали за средни и подобни, вземате всички лични състояния и не взимате под внимание стъпало по отношение на стъпало, тъй като за вас не е важна някаква компенсация, важно е само, че изпълняваме волята на Твореца,

Той ни е заповядал да изпълняваме заповедите и да изучаваме Тора и го осъществяваме като всеки обикновен човек от Исраел. Тоест състоянието, в което той се намира сега, е важно за него, както ако мислеше че се намира в състояние на гадлут. Тогава „Твореца Всесилен твой сключва с теб днес".[93]

Това означава, че тогава Твореца сключва с него съюз. Тоест именно във времето в което човек приема работата за Твореца, без каквито и да е условия и е съгласен да извършва святата работа без никаква компенсация, това се нарича „смирение без никакви условия". Тогава Твореца сключва с него съюз.

И сключването на съюза, както е обяснил моят баща и учител е когато двама души виждат, че се обичат един друг, тогава те сключват съюз помежду си, че ще останат в своята любов завинаги. И попитал: ако те се обичат един друг и разбират, че любовта им няма да прекъсне, в такъв случай защо е нужен съюз? И за какво сключват този съюз, тоест, за чия полза? Това означава, какво печелят от това, че са извършили сключване на съюз? Дали е просто церемония или е с някаква полза?

И казва, че сключването на съюза се състои в това, че както сега те разбират, че си струва всеки от тях да обича другия по причините, които виждат сега, че всеки от тях чувства че другия се грижи само за неговото благо, тогава те сключват съюз. И както сега никой няма претенции към другаря си, иначе не биха сключили съюз, тогава си казват един на друг, че си струва да сключат съюз веднъж завинаги. Тоест страшно

---
[93] Дварим, 29:11

е да се помисли, ако възникне ситуация единият да има претенции към другия, тогава всеки ще си спомни сключването на съюза, който са извършили когато между тях явно (се е чувствала) любовта.

Така и сега, макар да не усещат тази степен на любов, която е била тогава, все пак те пробуждат любовта, която е била и не гледат състоянието, в което се намират сега и отново започват да си правят добро един на друг. Затова сключването на съюза е полезно. Тоест макар вкуса на любовта, който е бил, когато между тях е царила любовта е изчезнал, но благодарение на това, че са сключили съюз, имат сила отново да пробудят любовта, която им е светила в миналото и я връщат в бъдещето.

Съгласно това излиза, че сключването на съюза главно се извършва за бъдещето. И това е подобно на договор, който се сключва и да не могат да се откажат от него, когато видят, че нямат повече любовта, която са имали. И благодарение на тази любов са изпитвали голямо наслаждение, когато всеки от тях е правил добро за другия. И сега, когато любовта е нарушена, от това следва, че няма сили, които да позволят на някого да прави нещо доброто за ближния.

И ако те искат да направят нещо добро за другаря си, тогава трябва да погледнат сключения съюз, който са имали тогава и от това трябва да изградят любовта отново. Тоест както човек сключва договор с другаря си, тогава договора ги свързва да не могат да се разделят един от друг.

От тук излиза, както беше казано преди: „вие всички стоите днес". Тоест, че са важни частните детайли: „Главите ви, коленете ви, охранителите ви, всеки човек от Исраел". Тоест от всички високи стъпала, които е имал, за него сега се счита, че се намира в състояние на „всеки човек от Исраел". И той приема това състояние както в случаите когато е имал по-добри състояния, според неговото мнение. И казва: „Аз върша своето, а Твореца, това, което иска да ми даде, и съм съгласен, и нямам никаква критика". Тогава той се удостоява със сключването на съюз, както беше казано по-горе. Това означава, че връзката остава завинаги, тъй като Твореца е сключил съюз с него завинаги.

Съгласно казаното следва да се обясни: „Скритото за Твореца, Всесилния наш, а откритото е за нас и за нашите деца вовеки, за да се изпълнят всички думи от тази Тора"[94]. И следва да се разбере какво иска да ни каже този стих. Не може да се каже, (че той иска да ни каже), че не знаем скритото, а само Твореца го знае. Не може да се каже така, защото и без този стих виждаме, че не знаем какво е скрито от нас. Ако е така, този стих какво трябва да ни каже?

Известно е, че има скрито и разкрито. Което означава, че в практичната част, това което правим, тава и виждаме, правим или не. И ако тялото не иска да изпълнява заповедта, съветът е човек да застави себе си, защото е задължен да изпълни заповедта, иска или не. Излиза, че в разкритото може да се говори за принуждаване.

Скритото е намерението за заповедта. Тук човек не може да види какво е намерението на другия в момента на изпълнението ѝ. Също и самият човек, изпълня-

---
[94] Дварим, 29:28

ващ действието, не може да знае дали не се самоизмамва по време на неговото изпълняване. Той мисли, че няма никакво друго намерение, а изцяло е насочен към Твореца. Докато действието се нарича „разкрита част". Не може да се каже, че човек измамва себе си, мислейки, че слага тфилин, а всъщност това не е тфилин или жената може да се самоизмамва, че запалва съботните свещи, а всъщност не ги запалва.

В същото време, по отношение на намерението може да се каже, че човек се самоизмамва. Той мисли, че извършва лишма, а всъщност изцяло е в ло лишма. Също е невъзможно да се говори за принуждаване и не може да принуди мисълта си да мисли за това, което той иска. Защото за нещата, отнасящи се към усещанията или знанието, човек няма никаква власт да принуди разума си да разбира по начин, различен от този, който разбира или по начин, различен от този, който чувства.

И от тук ще разберем казаното по-горе, че няма какво да правим, освен да изпълняваме практичната част и това се нарича „Откритото за нас и нашите деца вовеки, за да се изпълнят всички думи на тази Тора"[95], тоест, заповядано ни е действие. Това означава, че действието ни е заповядано да извършим, дори по принуда.

А по отношение на намерението, наречено „скрита част", върху него човек няма никаква власт. В такъв случай какво да направим, така че да можем да изпълним и скритата част? И в това човек винаги само трябва да извършва проверка, тоест да проверява себе си

---
[95] Дварим, 29:28

дали наистина върши всичко за отдаване или тялото се противи (на работата) за отдаване. И степента, в която той чувства, че е далеч от това, тогава дали вижда, че не е способен от своя страна да направи нищо. Защото това, че мисли да последва някои съвети, за да има възможност да изгради намерение „за отдаване", не му помага.

И за това идва да ни съобщи този стих, че това, което касае лишма, наречено „скрита част", се отнася към Твореца, Всесилен наш. Тоест само Твореца може да му помогне, а той самият няма никаква възможност да стигне до такава реалност и това не е в ръцете на човека, тъй като е над природата. Затова стихът казва „Скрито от Твореца Всесилен наш", тоест че това се отнася за Него и Твореца трябва да даде силата, наречена „отдаване".

И това, че са казали мъдреците (Кидушин 30): „Злото начало на човека го побеждава всеки ден и търси как да го умъртви"[96]. И ако Твореца не му беше помагал, той не би издържал. Както е казано: „Твореца няма да остави (човека) в ръцете му (на злото начало)[97]".[98]

„Търси как да го умъртви" означава, че то иска човек да прави всичко за получаване, което се нарича,че той е отделен от Източника на Живота. И по естествен начин те остават животни. Това, че са казали мъдреците: „Грешниците, докато са живи, се наричат мъртви"[99]. Излиза, че „смърт" се нарича, ако намерението му е

---

96 Псалми, 37:32
97 Псалми, 37:33. Твореца няма да го остави (праведника) в ръцете му (на нечестивия) и няма (да даде) да го обвини в съда
98 Трактат Кидушин, 30:2
99 Трактат Брахот, 18:2

насочено към получаване и това се нарича състояние на разделяне. А за да се удостои със състояние на сливане, тоест, да се удостои със сила на отдаване - за да има това - само Твореца може да му го даде, а не е във възможностите на човека да го достигне.

И затова са казали нашите мъдреци: „Злото начало на човека го побеждава всеки ден и търси как да го умъртви…, и ако Твореца не беше му помагал, той не би издържал." Както е казано: „Твореца няма да го остави (човека) в ръцете му (на злото начало)". И от това, което изяснихме, ще разберем стиха: „Скритото е на Твореца, Всесилният наш, а откритото е за нас и за нашите деца вовеки, за да се изпълни". Тоест само практично действие трябва да изпълним, а скритата част трябва да извърши Твореца.

Но също и в скритата част имаме какво да направим, за да ни даде Твореца скритата част. Това произтича от правилото, че за всичко е необходимо пробуждане отдолу. Така е, защото има правило, че „няма светлина без кли", което означава че „няма напълване без хисарон", че не можеш да поставиш нещо, ако нямаш празно място и тогава слагаш това, което искаш. Но ако няма място за хисарон, тоест, празно място, как можем да сложим нещо?

Затова на нас ни е нужно място да видим, че ни липсва отдаващо кли, което се нарича „желание за отдаване". И това е нашата светлина. Както изяснихме в предишните статии, че главната ни награда е ако достигнем желание за отдаване, наречено „отразена светлина". Както е представено (в Общото въведение в книгата „Дървото на живота" с коментарите „Паним масбирот"), „че цялото възнаграждение, на което се надяваме е отразената светлина", виж там.

Затова, ако желанието за отдаване се нарича „светлина", тогава хисаронът - когато вижда че няма силата на отдаване, се нарича „кли". И той чувства, че това не му достига. Това означава, че той вижда какво губи от това, че няма всичко, което е наречено „сила на отдаване". Затова, в степента на усещането му в него се образува хисарон. Това се нарича „кли" и „празно място" и на това място, в което не му достига силата на отдаване, сега има място, в което може да влезе напълването. И това се нарича, че светлината влиза в кли.

Но трябва да се знае, че за да получи това кли е необходима голяма работа. Та ние имаме келим, наречени „недостатъци" и ние искаме да ги напълним. Те се наричат „келим на любов към себе си", в които искаме да получим напълване. И тези келим са много важни, тъй като тези келим изхождат от Твореца, който ги е сътворил като съществуващо от несъществуващото, тъй като Той е искал да наслади творенията Си, тоест е желал да им даде напълване. И как може да даде напълване, ако няма място къде да влезе напълването? Затова е създал тези келим като съществуващо от несъществуващото, за да им даде благо и наслаждение. Излиза, че това е главното кли, което Твореца е създал.

Но тъй като кли, наречено „желание за получаване" е желание да има подобие на формата, наречено сливане с Твореца и това кли не е годно за получаване на висшето благо. И сега е необходимо ново получаващо кли, обличащо се в предишното кли. И само благодарение на двете, тоест благодарение на това, че желанието за отдаване се облича на желанието за получаване, това кли е способно да получава.

От тук следва, че както предишното кли, наречено „желание за получаване идва от страна на Твореца и нисшият няма никаква част в работата на желанието за получаване, а всичко изхожда от Твореца, така и второто кли, наречено желание за отдаване, също изхожда само от Твореца. И нисшия не може да добави, както и в първото кли, наречено „желание за получаване". А разликата е в това, че за отдаващото кли в началото трябва да има искане от нисшия, в което той да моли Твореца да му даде ново кли. За разлика от първото кли, което идва при него без каквото и да е пробуждане от страна на нисшия.

СТАТИИТЕ НА РАБАШ
от 1984 година

Автор: Барух Шалом а-Леви Ашлаг
Публикувана от Бней Барух - Академия по Кабала
kabbalah.academy/bg
bulgarian@kabbalah.academy

© Нито една част от тази книга не може да бъде преписвана или преработвана без официалното разрешение на издателя, освен кратки цитати включени в статии или коментари.

ISBN 978-1-77228-190-3

Първо издание, 2024